MARCO POLO

COSTA DEL SOL

COSTA DE ALMERÍA
COSTA TROPICAL GRANADA

MARCO POLO KOAUTORIN LENA KUDER

Die Journalistin lebt seit 2005 in Spanien und erkundet Andalusien als Guide vom Pferderücken aus und bei ihren Recherchen für die deutsche Wochenzeitung „Costa del Sol Nachrichten". Die herzlichen, impulsiven Andalusier begeistern sie ebenso wie die schroffen Bergketten im Hinterland der Küste, die Spuren der Mauren, der weite Himmel und die verwunschenen Buchten im Naturpark Cabo de Gata.

REIN INS ERLEBEN

Mit dem digitalen Service von MARCO POLO sind Sie noch unbeschwerter unterwegs: Auf den Erlebnistouren zielsicher von A nach B navigieren oder aktuelle Infos abrufen – das und mehr ist nur noch einen Fingertipp entfernt.

Hier geht's lang zu den digitalen Extras:

http://go.marcopolo.de/cds

Touren-App

Ganz einfach orientieren und jederzeit wissen, wo genau Sie gerade sind: Die praktische App zu den Erlebnistouren sorgt dank Offline-Karte und Navigation dafür, dass Sie immer auf dem richtigen Weg sind. Außerdem zeigen Nummern alle empfohlenen Aktivitäten, Genuss-, Kultur- und Shoppingtipps entlang der Tour an.

HTTP://GO.MARCOPOLO.DE/CDS

Update-Service

Immer auf dem neuesten Stand in Ihrer Destination sein: Der Online-Update-Service bietet Ihnen nicht nur aktuelle Tipps und Termine, sondern auch Änderungen von Öffnungszeiten, Preisen oder anderen Angaben zu den Reiseführerinhalten. Einfach als PDF ausdrucken oder für Smartphone, Tablet oder E-Reader herunterladen.

SYMBOLE

- INSIDER TIPP: Insider-Tipp
- ★: Highlight
- ●●●●: Best of ...
- Schöne Aussicht
- Grün & fair: für ökologische oder faire Aspekte
- (*) kostenpflichtige Telefonnummer

PREISKATEGORIEN HOTELS

€€€	über 150 Euro
€€	90–150 Euro
€	bis 90 Euro

Die Preise gelten für zwei Personen im Doppelzimmer ohne Frühstück während der Hauptsaison

PREISKATEGORIEN RESTAURANTS

€€€	über 22 Euro
€€	15–22 Euro
€	bis 15 Euro

Die Preise gelten für ein für das jeweilige Lokal typisches Essen bzw. Tagesmenü einschließlich eines Getränks

GUT ZU WISSEN

Geschichtstabelle → S. 14
Bücher & Filme → S. 23
Spezialitäten → S. 28
Birdwatching → S. 41
Federico García Lorca → S. 62
In der Finanzkrise → S. 75
Feiertage → S. 113
Spanische Adressen → S. 118
Was kostet wie viel? → S. 119
Wetter → S. 121

KARTEN IM BAND

(128 A1) Seitenzahlen und Koordinaten verweisen auf den Reiseatlas und die Málagakarte auf S. 134/135
(U A1) Koordinaten für die Karte von Granada im hinteren Umschlag
(O) Ort/Adresse liegt außerhalb des Kartenausschnitts
Karte Alhambra auf S. 51
Es sind auch die Objekte mit Koordinaten versehen, die nicht im Reiseatlas stehen

(🕮 A–B 2–3) verweist auf die herausnehmbare Faltkarte
(🕮 a–b 2–3) verweist auf die Zusatzkarten zu Granada und Málaga auf der Faltkarte

UMSCHLAG VORN:
Die wichtigsten Highlights

UMSCHLAG HINTEN:
Karte von Granada

Die besten MARCO POLO Insider-Tipps

Von allen Insider-Tipps finden Sie hier die 15 besten

INSIDER TIPP Gutes Profil

Gehen Sie in der Sierra Nevada (Foto o.) oder im Naturpark Cabo de Gata auf Mountainbiketour mit Christel und Francis von *Almería Bike Tours!* → S. 106

INSIDER TIPP Auf den Spuren russischer Künstler

Die *Colleción del Museo Ruso,* eine Dependance des Kunstmuseums St. Petersburg in Málaga, ist ein Muss für Kunstliebhaber → S. 67

INSIDER TIPP Himmelsthron

Im Kapvorgebirge *Vela Blanca* beim Cabo de Gata bieten sich herrliche Blicke auf Buchten, Felsen und das Kap in der Tiefe → S. 40

INSIDER TIPP Tapahopping in Málaga mit Insidern

Tapabars, kleine Läden mit Kunsthandwerk und Lebensmittelhändler: Mit den *Spain Food Sherpas* entdecken Sie Lokale und Winkel der Stadt, die Sie ohne die Sherpas nie finden würden → S. 70

INSIDER TIPP Dichterfährte

Folgen Sie in Granada in der *Huerta de San Vicente* den Spuren des großen andalusischen Dichters Federico García Lorca → S. 53

INSIDER TIPP Willkommen in den Wohnhöhlen

Erkunden Sie im Sacromonte-Viertel in Granada das volkskundliche *Museum Cuevas del Sacromonte.* Interessant ist vor allem der exemplarische Einblick in einstige Wohnhöhlen! → S. 57

INSIDER TIPP Kein folkloristisches Geklingel

Bühne frei für Nachwuchstalente, die den Flamenco nicht von der Stange aufführen: in der *Sala Vimaambi,* die zu einer Künstlerwerkstatt in Granada gehört → S. 60

INSIDER TIPP Avantgarde in der Wüste

Ein spannender Besuch im futuristischen Versuchszentrum für Solarenergie, der *Plataforma Solar de Almería* → S. 38

INSIDER TIPP Nicht zum Heulen

Im *Lobo Park,* dem Wolfspark bei Antequera, streifen die Raubtiere durch erfreulich große XXL-Gehege. Bei Führungen durch den Park erfahren Sie viel Interessantes über Lebens- und Verhaltensweisen – oder Sie nehmen sogar, womöglich bei Vollmond, an einer der „Wolfsgeheul-Nächte" teil → S. 73

INSIDER TIPP Saugut

Der Ort Trevélez in der Alpujarra, Spaniens höchstgelegenes Dorf, lohnt ohnehin den Abstecher in die Berge, doch Kostprobe und Kauf von *Serranoschinken* geben dem Ganzen eine saumäßig gute Note → S. 99

INSIDER TIPP Spiel mir das Lied vom Tod

Pistolenschüsse, Prügeleien und wilde Pferderitte bei den *Westernshows* im Oasys-Park. Die karge Szenerie in der Provinz Almería gibt das richtige Umfeld für die Westerndorfkulissen ab → S. 108

INSIDER TIPP Kleine Schwester des Centre Pompidou

Der gläserne Kubus an Málagas Flaniermeile birgt die erste ausländische Dependance des Pariser Kunst- und Kulturzentrums (Foto u.) → S. 66

INSIDER TIPP Stars im Steinbruch

Im Hochsommer verwandelt sich beim *Starlite*-Festival ein ehemaliger Steinbruch bei Marbella in die spektakuläre Kulisse für nationale und internationale Stars → S. 113

INSIDER TIPP Neue Kunst aus alten Lappen

In den Gebirgsdörfern der Alpujarra finden bunte *Flickenteppiche* Absatz, einst ein Abfallprodukt aus Lappen, heute ein beliebtes, ansehnliches Souvenir → S. 30

INSIDER TIPP Der Geist des großen Komponisten

Die *Casa-Museo Manuel de Falla* in Granada bewahrt das Erbe des Komponisten, der hier einst lebte und arbeitete → S. 54

BEST OF ...

TOLLE ORTE ZUM NULLTARIF

Neues entdecken und den Geldbeutel schonen

SPAREN

Zeitgenössische Kunst

CAC, so lautet die gängige Abkürzung für das *Centro de Arte Contemporáneo,* das Zentrum für Zeitgenössische Kunst mit Sitz in Málaga. Hier bekommen Sie je nach Ausstellung Werke von international bekannten Künstlern zu sehen. Besonders erfreulich ist, dass Sie für dieses Erleben keinen Cent zahlen → S. 67

Flamenco in Mijas

Kostenlosen Flamenco erleben Sie mittwochs um 12 Uhr mittags auf der *Plaza Virgen de la Peña* in Mijas, einem der populärsten Ausflugsdörfer der Costa del Sol. Voraussetzung ist, dass das Wetter mitspielt → S. 86

Spuren historischer Grabbaumeister

Antequera ist für besondere Baudenkmäler bekannt, die einige Tausend Jahre auf dem Buckel haben: die *Dolmen,* Grabbauten aus der Steinzeit, geprägt durch gewaltige Decken- und Tragsteine. Drei nennenswerte Dolmen – Menga, Viera und El Romeral – gibt es in der Stadt und alle drei heißen Sie kostenlos willkommen → S. 71

Kunstobjekte aus maurischer Zeit

Hoch oben auf dem Plateau der Alhambra (Foto) in Granada zeigt das *Museo de la Alhambra* im Unterbereich des Palacio de Carlos V Zeugnisse hispanomaurischer Kunst aus dem Mittelalter – eine interessante Präsentation zum Nulltarif! → S. 55

Ein Highlight für lau

Die Wehrburg *Alcazaba* in Almería ist ohnehin ein Highlight – und dass es kostenlos hineingeht, das i-Tüpfelchen → S. 34

Buntes Sommerprogramm

Wenn das Ferienstädtchen Roquetas de Mar im Hochsommer das Kultur- und Unterhaltungsprogramm *A Pie de Calle* und das Musikfestival *Pulpop* startet, freuen sich nicht zuletzt Sparfüchse – denn die Veranstaltungen sind gratis → S. 37

Diese Punkte zeichnen in den folgenden Kapiteln die Best-of-Hinweise aus

TYPISCH COSTA DEL SOL

Das erleben Sie nur hier

Weiße Dörfer

Andalusiens weiße Dörfer sind so etwas wie kostenlose Freilichtmuseen. Schmale Gassen und Treppenwege ziehen sich zwischen kalkweißen Hausfassaden hindurch, Pflanzenkübel und Blumentöpfe setzen Farbakzente. Besonders schön sind *Frigiliana* (Foto) im Küstenhinterland von Nerja und *Casares* auf einem Hügelrücken der Sierra Bermeja im Westen der Costa del Sol → S. 77, 83

Schöne Plätze

Spanier haben ein Faible für stimmungsvolle Plätze und Promenaden, Treffpunkte par excellence, sozusagen ins Freie verlagerte Wohnzimmer. Einer der schönsten ist die *Plaza Bib-Rambla* in Granada, ein Evergreen-Treffpunkt in der Altstadt → S. 56

Maurische Paläste

Eine zweite wie sie gibt es keine: die *Alhambra* in Granada. Spüren Sie den Spuren der Mauren zwischen Vorburg, Palastbezirk und Bädern nach, lassen Sie sich zwischen Bassins, Stalaktitenkuppeln und Säulenwäldern in eine unvergleichliche Pracht hineinziehen → S. 50

Ausflug ins Schneegebirge

Die *Sierra Nevada,* das „Verschneite Gebirge", türmt sich in Sichtweite von Granada auf. Mulhacén und Pico de Veleta kratzen mit knapp 3500 m Höhe an den Wolken. Eine Bergstraße führt Sie bis hinter den Skiort Pradollano; zur wärmeren Jahreszeit sind Schnee und Eis dort allerdings längst geschmolzen → S. 63

Yachthäfen

Sporthäfen gibt es viele in Andalusien. Wenn Sie einen etwas weniger frequentierten, doch gleichwohl reizvollen suchen, merken Sie sich *Marina del Este* bei Almuñécar vor. Demgegenüber regiert nahe Marbella der absolute Chic in *Puerto Banús* → S. 48, 90

Tapatour

Keinem Spanier würde es einfallen, einen Abend lang in einer einzigen Bar zu bleiben. Typisch ist der Zug von Bar zu Bar, um möglichst viele Häppchen durchzuprobieren. Schließen Sie sich an! Ein Tapaparadies ist Granada → S. 60

BEST OF ...

SCHÖN, AUCH WENN ES REGNET

Aktivitäten, die Laune machen

Wissenschaft hautnah

Vor allem für Familien mit Kindern ist die Bandbreite in Granadas *Parque de las Ciencias* zwischen tropischem Schmetterlingspark, interaktiven Bereichen und Greifvogelshows interessant. Selbst bei gutem Wetter durchaus lohnend! → S. 109

Krokodilpark

Ist es draußen mal etwas kühler, ziehen sich die Echsen im *Crocodile Park* von Torremolinos meist in die Hallenbecken zurück – dort können Sie sie ganz genau studieren → S. 110

Unterschlupf in der königlichen Grabkapelle

Mit der *Capilla Real* bietet Ihnen Granada einen kulturhistorischen Unterschlupf erster Güte. Prunk und Ehre gebühren Spaniens Reconquista-Royals, die hier begraben liegen: Isabel von Kastilien und Ferdinand von Aragonien (Foto) → S. 52

REGEN

Auf Tauchstation

Gehen Sie bei Regen in Roquetas de Mar auf persönliche Tauchstation: Im *Aquarium* werden Sie von Haien, Rochen und anderem Meeresgetier erwartet → S. 38

Besuch bei Picasso

Nicht nur für Kunstfreunde ist das in einem Renaissancepalais in seiner Geburtsstadt Málaga eingerichtete *Museo Picasso* ein Ereignis. Das Museumscafé bietet sich an, um zwischendurch eine Kunst-Pause einzulegen → S. 68

Reise in die Unterwasserwelt

Wenn der Sturm an den Palmen zerrt und das Meer unter einem grauen Himmel tobt, tauchen Sie am besten in die Unterwasserwelt ein: in Málagas *Museo Alborania.* Auf geführten Touren erfahren Besucher, was sich vor der Sonnenküste im Meer tummelt → S. 67

ENTSPANNT ZURÜCKLEHNEN

Durchatmen, genießen und verwöhnen lassen

ENTSPANNT

Ruheoase

Auf der Terrasse, im Liegestuhl am kleinen Sommerpool, im Himmelbett in einem der zwölf stilvoll ländlich eingerichteten Zimmer – in der *Posada Morisca,* einem Landhotel außerhalb von Frigiliana, können Sie sich gleich an mehreren Stellen entspannen → S. 77

Schwebevergnügen

15 Minuten in eine andere Welt: So lange dauert das 3-km-Schwebevergnügen im *Teleférico Benalmádena,* einer Seilbahn, die Sie sanft von der Küstenebene auf den Berg Calamorro hinaufträgt. Unterwegs genießen Sie das atemraubende Panorama → S. 87

Buchtpanorama

Wer sich im Naturpark Cabo de Gata im *Hotel Doña Pakyta* in einem Zimmer mit Terrasse einquartiert, darf sich angesichts des Blicks über die Bucht von San José wirklich entspannt zurücklehnen → S. 43

Spaß im Urban Spa

Alte Traditionen in neuen Formaten: In Granada und Málaga knüpfen *arabische Bäder* an Sitten und Gebräuche aus der Maurenzeit an. Wohlige Oasen der Entspannung mitten in der Stadt → S. 59, 107

Alhambrablick

Der Albaicín von Granada verrät unverkennbar seinen maurischen Ursprung: schmale Gässchen, kalkweiße Häuser. Vom Aussichtspunkt *Mirador de San Nicolás* bietet sich Ihnen ein Traumpanorama auf die Alhambra. Setzen Sie sich auf das Mäuerchen und verträumen ein Viertelstündchen oder mehr! → S. 50

Am „Europabalkon“

Wer in Nerja Glück hat und einen freien Platz auf einem der Bänkchen auf dem sogenannten *Europabalkon (Balcón de Europa)* ergattert, kann entspannt das Kommen und Gehen betrachten. Die herrliche Spazier- und Aussichtspromenade überm Meer ist der beliebteste Treffpunkt der Stadt (Foto) → S. 74

AUFTAKT

ENTDECKEN SIE DIE COSTA DEL SOL!

Immer weiter, immer höher: 15 Minuten zwischen Erde und Himmel dauert der Schwebeflug in der Seilbahn von Benalmádena, eine Reise in eine andere Welt. Weit weg von den Stränden, den Promenaden, dem Highlife um die Sporthäfen, den betonversiegelten Urlaubszentren. Der Gondelschatten gleitet über die letzten Dächer Benalmádenas, über Kiefernkronen und schroffe Hänge. Ziel der Auffahrt ist der Berg Calamorro, knapp 800 m hoch, ein Thron über der Costa del Sol. In einer ***Luft wie Seide*** breiten sich Teile der Küste auf einem natürlichen Präsentiertablett aus. Links in der Ferne greifen die Häusermassen Málagas tief ins Hinterland, am Horizont punktieren Boote das ***sonnenglitzernde Mittelmeer***, weiter rechts im Hintergrund – ja, was ist das? Man reibt sich die Augen. Ein wenig verschwommen liegt sie im Dunst und zeigt zaghaft ihre Konturen: die Küste Marokkos.
Die Nähe zum afrikanischen Kontinent gab im Jahr 711 den Ausschlag für eine Invasion, die über Jahrhunderte Einfluss auf die Entwicklung Europas nehmen sollte: Muslimische Araber und Berber setzten auf die Iberische Halbinsel über, schwangen sich im Reich der Westgoten zu neuen Herren auf und blieben fast 800 Jahre. ***Al-Andalus*** – davon leitet sich der Name von Spaniens südlichster Region Andalusien ab

Bild: Strand in Marbella

Zählen Sie nach: 124 filigran gearbeitete Marmorsäulen schmücken den Löwenhof in der Alhambra

– nannten die Mauren ihr neu erobertes Terrain. Sie führten ausgeklügelte Bewässerungsmethoden in der Landwirtschaft ein, bauten Wachtürme und Festungen, kleideten Häuser mit kühlen, ***farbigen Kacheln*** aus und brachten eine fremdartige Religion mit, den Islam. Im Zeichen Allahs entstanden Moscheen und Koranschulen, es gab Kunsthandwerkerviertel, Paläste, Bäder, Märkte. Spanien, vor allem der tiefe Süden, geriet zum Schmelztiegel der Kulturen. All diese ***Spuren der maurischen Hochkultur*** tragen heute nicht unerheblich zum Reiz einer Reise an die Costa del Sol und in ihr Hinterland bei.

Im Mittelalter war das Zusammenleben zwischen Mauren und Alteingesessenen oft von Toleranz geprägt, doch währte die ***friedliche Koexistenz*** nicht ewig: Im Norden formierte sich Widerstand, um die Eindringlinge zu vertreiben und den Islam auszu-

2. Jh. v. Chr.–5. Jh. n. Chr. Herrschaft der Römer

711 Einfall der Mauren von Nordafrika über die Straße von Gibraltar; Ausbreitung der maurischen Kultur in Andalusien

8.–11. Jh. Erste kulturelle und wirtschaftliche Blütezeit Andalusiens unter muslimischer Herrschaft

13. Jh. Beginn der Nasridenherrschaft in Granada

1492 Der Fall der Nasriden von Granada markiert das Ende der christlichen Rückeroberung („Reconquista“)

rotten. Reconquista, „Rückeroberung", so nannte man den Territorial- und Glaubenskrieg, der im Lauf der Jahrhunderte immer größere Schlachtenerfolge mit sich brachte. Das maurisch dominierte Gebiet schrumpfte auf das Reich der Nasridendynastie von Granada, das sich bis an die Küste von Almería und Málaga ausdehnte und vom 13. bis 15. Jh. ein letztes Stück Hochkultur hervorbrachte. Die ***Alhambra***, ihr „Rotes Schloss", konzipierten die Herrscher von Granada mit einer Filigranarchitektur als Paradies auf Erden. 1492 war es dann mit der Herrlichkeit vorbei. Boabdil, der letzte Sultan Granadas, kapitulierte vor den Truppen der Katholischen Könige Isabella von Kastilien und Ferdinand von Aragonien. Der Fall von Granada bedeutete das Ende der Reconquista.

Ohne die historischen Einflüsse der Mauren ist die Region nicht zu verstehen. Andalusien verdankt einen Teil seiner Magnetkraft dem morgenländischen Flair. Dieses verströmen auch die ***weißen Dörfer***, Andalusiens stille Wahrzeichen, die, wie Frigiliana und Casares, von der Küste leicht erreichbar sind: Schachtelwerke aus dicht aneinandergedrängten Häusern, stillen Winkeln, steilen Treppen. Die Dörfer sind eine Mischung aus Freilichtmuseen und ganz normalen Wohnwelten, in denen die Bewohner ihre ***Gassenlabyrinthe*** und Innenhöfe mit einer ***überbordenden Pflanzenpracht*** schmücken. Selbst hinter kleinsten Fenstergittern klemmt ein Blumentopf.

Pflanzenpracht in Innenhöfen und Gassenlabyrinthen

16./17. Jh. Vertreibung von Juden und letzten Muslimen

1881 In Málaga wird Spaniens Jahrhundertmaler Pablo Picasso geboren

1936–39 Spanischer Bürgerkrieg, gefolgt von der Diktatur unter Francisco Franco

1960er-Jahre Wirtschaftswunder, einsetzender Massentourismus und erste Bausünden an der Costa del Sol

1975 Ende der Militärdiktatur von Franco, Proklamation von Juan Carlos I. zum König

Kultur und Dörfer sind eine, die faszinierenden Landschaften und das Klima eine andere Sache. ***Über 300 Sonnentage*** pro Jahr, ewiger Frühling – Andalusiens „Sonnenküste" hält, was ihr Name verspricht, und ist mitunter als „Kalifornien Europas" tituliert worden. Im Sommer geht es in den Urlaubszentren in jederlei Hinsicht hitzig zu, ansonsten eher ruhig und mild. Flusstäler sind mit ***Orangenhainen*** gesprenkelt, über Höhenrücken ziehen sich Mandelbäume, die wüstenhaften Gegenden der Provinz Almería setzen Kontraste. Hinzu kommen Strände mit Vulkanformationen im ***Naturpark Cabo de Gata*** und Eis und Schnee in der winterlichen Sierra Nevada, wo es Skifans auf die Pisten zieht und nicht weniger als 16 Gipfel die 3000-m-Marke übersteigen. Bilder, wie sie unterschiedlicher kaum sein könnten. Das gilt gleichermaßen für die Flora mit Enzian und Krokussen in höheren Lagen, Kiefern und Steineichen in Mittelgebirgen und Espartogras und Zwergpalmen in den trockenen Niederungen. ***Oleander und Zistrosen*** setzen Farbtupfer, in der Fauna sind Steinböcke und Steinadler vertreten. Eine Sonderrolle fällt den Berberaffen am Felsen von Gibraltar zu, den einzigen frei lebenden Primaten Europas.

Avocados, Mandeln und Oliven gedeihen im milden Klima

Gibraltar setzt geografisch den Schlusspunkt der Mittelmeerküste Andalusiens. Diese splittet sich in drei große Abschnitte auf: die Costa del Sol mit ihrem Kern um Málaga und Marbella, die ***Costa Tropical*** der Provinz Granada um Almuñécar und Salobreña und ganz im Osten die Küste der Provinz Almería. Vom späten Frühjahr bis in den Oktober oder November sind die ***Badetemperaturen*** im Mittelmeer angenehm. Im Hinterland der Costa del Sol und Costa Tropical erheben sich Bergbarrieren wie die Sierra de Mijas und die Sierra de Almijara, die kalte Nordwinde abhalten und ein mildes Klima garantieren, in dem ***Avocados und Mandeln*** gedeihen, Oliven, Weintrauben, Zitronen und sogar Mangos.

Die Ursprünglichkeit mancher Küstengegenden liegt dagegen unter Beton begraben. Ohne Weitblick und Rücksicht auf Umwelt, unterfüttert durch Spekulation und Korruption, setzte in den Sechzigerjahren des 20. Jhs. der ungebremste Bauboom für den Massentourismus ein. So kamen lebenswichtige Devisen in ein Land, das damals zu den ärmsten in Europa gehörte und bis 1975 unter der Knute von Diktator Francisco Franco stand.

1978
Spanien bekommt eine neue, demokratische Verfassung

2012/2013
Aufdeckung verheerender Korruptionsskandale, Prozesse zur Korruption in Marbella

2016
Die gravierenden Auswirkungen der Wirtschafts- und Finanzkrise dauern an. Die Arbeitslosigkeit erreicht in Andalusien bis zu 30, die Jugendarbeitslosigkeit 57 Prozent. Die Parlamentsneuwahlen in Spanien führen wie die Wahlen von 2015 zu einem Patt zwischen linkem und rechtem Lager, langwierige Koalitionsverhandlungen

Andalusiens mediterrane Küste ist seither ein touristischer Dauerbrenner. Heute machen sich die Gemeinden mit ihren ***Sandstränden und Promenaden*** gegenseitig Konkurrenz, Duschen und Strandpflege in Form von Müllbeseitigung gehören zum Standard. Für Kinder bieten die vielerorts an den Stränden aufgebauten ***Spielgeräte*** mit Rutschen und Kletterseilen ein kostenloses Vergnügen, ob in Marbella oder Roquetas de Mar.

Hier ist das Beachlife Lichtjahre entfernt: Schäfer im Naturpark Cabo de Gata

In der Wärme des Südens verbringen viele Tausend Residenten, vor allem ältere Auswanderer oder „Teilzeit-Auswanderer" aus Deutschland, Skandinavien und Großbritannien, einen Großteil des Jahres und zeigen Mitteleuropa die kalte Schulter – um ***im Winter auf der Terrasse*** zu frühstücken. Es gibt Wandergruppen der Residenten, Tanztreffs, Tierschutzvereine, Wohltätigkeitsfeiern und deutsche Skatclubs.

Fiesta und Siesta: Lebenslust und gelebte Tradition

Für viele Einheimische sprudelt der Tourismus als Einkommensquelle, in Hotels und Restaurants verdienen sie zumindest saisonal ihre Euro. Das Motto dabei: arbeiten, um zu leben – nicht leben, um zu arbeiten. Selbst die anhaltende Wirtschaftskrise kann den Andalusiern nicht nachhaltig ihre ***Lebenslust*** nehmen oder Traditionen erschüttern. Dazu gehören Fiestas und Siesta, ein erstes Gläschen Wein gegen Mittag, die ***Häppchenkultur der Tapas*** – und ein hoher Lärmpegel. Lassen Sie sich anstecken von dieser Unbeschwertheit und freuen Sie sich auf einen Urlaub in einer der lebhaftesten, vielseitigsten Ferienlandschaften Europas!

IM TREND

1 Öko-Lifestyle

Nachhaltig Der Bioanbau floriert dank Agrargemeinschaften wie *La Molienda Verde (www.molienda.com)*, die in Benalauría in der *C/ Moraleda 59* einen Laden (mit Restaurant) für Marmeladen, eingelegte Kastanien etc. betreiben. Beliefert mit Ökoprodukten werden Geschäfte wie *Bio-Natura (C/ Félix Rodríguez de la Fuente | Marbella und Av. de los Boliches 112 | Fuengirola | Foto)*. Speziell an Urlauber richten sich Bioferienhäuser. Als Gast der *Finca Cortijo Cantaranas (Almuñécar | www.finca-lascantaranas.com)* können Sie Ökoobst wie Kaki und Orangen frisch vom Baum kaufen.

2 Edel snacken

Wie Gott in Frankreich Die Bar *Mediodía Champagne & Ostras* in Marbellas Markthalle, dem *Mercado Central,* lockt mit Austern und 39 (!) wohltemperierten Champagnersorten. Nach einer Shoppingrunde am Samstagvormittag kann man hier aufs edelste zusammen mit Einheimischen genießen. Auch in Málaga gibts die Austern-Champagner-Kombi: in der Champagnerbar *La Medusa (C/ Santa María).*

3 Für Tagschwärmer

Beachclubs Beachclubs machen Party nicht nur nach Einbruch der Dunkelheit! Am *Purobeach Marbella (Ctra. de Cádiz km 159 | Laguna Village | Playa El Padrón | Estepona | www.purobeach.com | Foto)* relaxen Sie tagsüber bei entspannten Chill-out-Rhythmen – abends wird dann richtig aufgedreht. Im *Ocean Club Marbella (Av. Lola Flores | Nueva Andalucía | www.oceanclub.es)* versüßen Ihnen DJs den Tag, im *Sala Beach (Urbanización Villa Marina | Puerto Banús | www.salabeach.com)* steigen Konzerte.

An der Costa del Sol gibt es viel Neues zu entdecken. Das Spannendste auf diesen Seiten

Fashion fabulous

4

Mode Die Costa del Sol ist farbenfroh und lebenslustig – gerade bei der Mode. Pepa Karneros Modelinie *Pepaloves* ist zum Anbeißen süß und zugleich urban. Die Malagueña setzt bei ihren Prints unter anderem auf die Kreativität von regionalen Street Artists. An der Costa del Sol finden Sie die Teile in Estepona bei *Vai Vai (Av. de España 124)* und bei *Bámbola (Av. de Andalucía 108)* in Caleta de Vélez, in Granada bei *Cuca (Av. Dilar 12). Find de Luxe Vintage (C/ de Casapalma 9 | Málaga | Foto)* wird seinem Namen gerecht. In dem Shop hängen einzigartige Secondhandmode und redesignte Stücke aus den Sechziger- bis Neunzigerjahren an den Stangen: Mode mit Geschichte und Qualität, das Ganze exklusiv und zugleich originell – individuelle Textilkunst.

Alternativer Lebensstil

5

Alternativ Die Costa del Sol besteht nicht nur aus mondänen und modernen Küstenorten. Gerade im Hinterland scheint die Zeit stehen geblieben zu sein – zuweilen in den Sechziger- und Siebzigerjahren. Entdecken Sie diese Seite auf dem *Allerlei- und Kunsthandwerksmarkt (jeden ersten und dritten Sonntag im Monat)* in Órgiva. Ein exklusives, kleines Yogaresort mit insgesamt 20 Gästebetten ist *Molino del Rey (Alozaina | www.molinodelrey.com)* im Valle de Jorox ca. 40 Straßenkilometer nördlich von Marbella. Dort werden verschiedene Wochenkurse, vereinzelt auch auf Deutsch, angeboten. Neben Esoterischem wie „Schamanische Energie & Heilarbeit" kommen Hatha-Yoga und Vinyasa-Yoga vor; auch Ernährungsfragen spielen eine wichtige Rolle.

FAKTEN, MENSCHEN & NEWS

BEWEGUNG DER EMPÖRTEN

Als Protestler am 15. Mai 2011 begannen, auf der Plaza del Sol in Madrid ihre Zelte aufzuschlagen, um gegen hohe Arbeitslosigkeit, Korruption und soziale Ungleichheit zu protestieren, erreichte diese Protestwelle auch die Costa del Sol. In Orten wie Málaga und Granada gründeten sich Ableger der Bewegung *Movimiento 15-M* oder der *Indignados* („Die Empörten"). 2014 gründete der Politikprofessor Pablo Iglesias die Linkspartei *Podemos,* an der Costa del Sol bildeten sich Ortsverbände wie *Costa del Sol Sí Puede,* die alle ein Ziel verfolgen: mit dem korrupten Politikerfilz aufräumen und Perspektiven vor allem für junge Menschen schaffen. In Andalusien hat etwa die Hälfte der unter 25-Jährigen keine Arbeit, von den unter 30-Jährigen hat nur jeder Fünfte ausreichend finanzielle Möglichkeiten, um sich vom Elternhaus abzunabeln. Aufgrund der fehlenden Perspektiven entscheiden sich junge Leute oft, ins Ausland zu gehen. 2016 konnten 41 Prozent der Andalusier zumindest einen Bekannten oder einen Familienangehörigen nennen, der im Lauf des Jahrs 2015 ausgewandert war, um sein Glück in einem anderen Land zu suchen.

EINWANDERUNG

Während Andalusien Osteuropäer auf Arbeitssuche angelockt hat (die die Region wegen der Krise zum Teil aber auch wieder verlassen haben) und Tausende Residenten das Leben im ewigen

Von Einwanderung bis Umweltschutz: Notizen zum Ritual der Siesta, zur Leidenschaft des Flamencos und zur Kultur der Mauren

Frühling genießen, ebben die Pressemeldungen zur illegalen Einwanderung aus Afrika nicht ab. Auf meist wenig seetauglichen Booten, *pateras* genannt, landen ein ums andere Mal erschöpfte Boat People an den Küsten Andalusiens. Das einzige Gepäck ist die Hoffnung auf ein besseres Leben, doch das krisengebeutelte Spanien hat eigene Sorgen. Schlagen Rücktransporte in die Heimat fehl, finden die Immigranten als Erntehelfer zu Hungerlöhnen Beschäftigung. Oder – in etwas besseren Fällen – als Haushalts- und Küchenhilfen. Andere enden als ambulante (Schwarz-)Händler, wie man sie vielerorts mit CD-Raubkopien und Kleidung umherziehen sieht.

FILMPROVINZ ALMERÍA

Filmleute entdeckten in den 1960er-Jahren die Provinz Almería als Wilden Westen für die Leinwand und verlegten Arizona, Texas, New Mexico unter Südspaniens sengende Sonne. In den wüsten- und steppenartigen Landstrichen um Tabernas und das Cabo de Gata drehten sie Storys um Cowboys, Indianer, Outlaws. Regisseur Sergio Leone machte den Anfang und schickte Clint Eastwood „Für eine Handvoll Dollar" los, bevor er Henry Fonda und Charles Bronson ins Blutbad von „Spiel mir das Lied vom Tod" stürzte. Bully Herbig drehte mit der Winnetou-Parodie „Der Schuh des Manitu" einen der kommerziell erfolgreichsten deutschen Streifen überhaupt. Im Vergleich zur Goldgräberstimmung von früher ist es etwas ruhiger geworden in der Filmprovinz Almería. Westernkulissendörfer und ausgewiesene „Kinorouten" bringen Filmfans auf die Zelluloidspur.

In und um Guadix: die ungewöhnlichen Höhlen- und Grottenwohnungen

FLAMENCO

Ein wildes Stakkato der Schritte, ein hämmernder Rhythmus, mitreißend wie ein Sog. Die Liebe, immer wieder umkreist der Flamenco die Liebe, das tiefste aller Gefühle, doch die Ausdrucksformen sind ganz unterschiedlich: Gesang *(cante),* Instrumentalspiel *(toque)* und Tanz *(baile).* Die Herkunft des Flamencos ist untrennbar mit den *gitanos* verbunden, den seit eh und je ausgegrenzten „Zigeunern", die einst in den Liedern Trost und Wir-Gefühl suchten. Der genaue Ursprung verliert sich im Dunkeln. Fest steht, dass der Flamenco im Lauf des 19. Jhs. gesellschaftsfähig wurde, wenn auch mit rassigen Zigeunerinnen oft klischeehaft auf der Folkloreschiene verzerrt. Längst gilt der Flamenco als anerkannte Kunstform, die sich heute in mehrere Dutzend Gattungen splittet und ständig weiterentwickelt. Obgleich die *gitanos* oft mit Argwohn betrachtet werden und am Rand der Gesellschaft stehen, verschafft ihnen der Flamenco ein Stück Respekt. In Mode gekommen sind

Flamencoschulen. Auswärtige Besucher verschaffen sich bei Shows, wie sie samt Höhlenambiente auf dem Sacromonte in Granada gepflegt werden, einen ersten Einblick in die Kunst des Flamenco. Der Authentizität steht dabei eine allzu starke Aufgesetztheit entgegen, die die Kommerzialisierung mit sich bringt. Der Flamenco zählt seit 2010 zum immateriellen Kulturerbe der Menschheit.

HÖHLENWOHNUNGEN

In Granadas Viertel Sacromonte und im Städtchen Guadix befremden mit Höhlen durchlöcherte Hänge, in denen Wohnungen eingerichtet sind. Die künstliche Perforation des Erdreichs begann in Guadix im Spätmittelalter mit der Anlage von Speichern und Zufluchtsorten. Daraus entwickelten sich im Lauf der Zeit Quartiere, die man sich heute zwar archaisch, aber nicht komfortfrei vorzustellen hat. Längst haben die Errungenschaften der Moderne in Form von Strom, fließendem Wasser, Fernsehen und Internet Einzug gehalten. In Guadix und Granada geben Museen in Originalhöhlen exemplarische Einblicke in die Grottenbehausungen, in denen seit alters viele *gitanos* („Zigeuner") leben. Auf dem Sacromonte finden Flamencoshows in Höhlen statt, in Guadix gibt es Höhlenhotels.

MAUREN

Im Jahr 711 kamen sie von Nordafrika her über die Straße von Gibraltar und verhalfen Andalusien zu Höhenflügen der Kultur: die Mauren. Machtkämpfe in den eigenen Reihen ließen das aufgeblühte Kalifat von Córdoba ab dem 11. Jh. in Kleinkönigreiche zerfallen, während die Christentruppen von Norden her bei der Rückeroberung, der Reconquista, vorrückten. Das letzte muslimische Herrschaftsterrain war jenes der Dynastie der Nasriden von Granada, bis 1492 die Katholischen Könige Ferdinand von Aragonien und Isabella von Kastilien über die Glaubensfeinde triumphierten. Den Spuren der Mauren verdankt Andalusien einen gewichtigen Teil seines touristischen Reizes – das maurische Erbe aus dem Mittelalter begegnet Ihnen auch

BÜCHER & FILME

Erzählungen von der Alhambra – Das Buch des US-amerikanischen Schriftstellers Washington Irving (1783–1859), der sich 1829 auf der Alhambra einquartierte, ist Kult! Kaum jemand wird sich dem poetischen Bann der Geschichten und Mythen entziehen können

Cabo de Gata – Eugen Ruge, Träger des Deutschen Buchpreises, schickt seinen in tiefer Lebenskrise steckenden Erzähler auf Sinnsuche ins Dorf Cabo de Gata; ein anspruchsvolles Prosastück

Die schwarze Finca – Kriminalroman mit viel Lokalkolorit aus der Gegend um Almuñécar; Autor Eduard Freundlinger schafft viel Spannung durch den geschickten Wechsel von Erzählperspektiven und Handlungssträngen

Alles inklusive – Regisseurin Doris Dörrie verfilmte 2014 mit Nadja Uhl und Hannelore Elsner u. a. in Nerja ihren eigenen Erfolgsroman um Mütter und Töchter und die ewige Sehnsucht nach dem Süden

Trotz Stierkampflobby auch in Andalusien nicht mehr unumstritten: *corridas*

heute noch auf Schritt und Tritt im andalusischen Alltag: etwa in der Architektur, in prächtigen Gärten, in der Küche oder in vielen Ortsnamen, Wörtern und geografischen Bezeichnungen, darunter all jene, die mit „al-" oder „guadal" anfangen. Was Kultur und Religion anbelangt, ließ sich in jüngerer Zeit eine gewisse Gegenbewegung beobachten: In Südspanien wurden wieder Moscheen gebaut und es gibt durchaus Spanier, die nach intensiver Beschäftigung mit dem Koran zum Islam übergetreten sind.

SIESTA

Sie ist Alltagsritual und Inbegriff der südländischen Lebenskunst: die Siesta, die Mittagsruhe. Da der Übergang nach dem Essen fließend einsetzt, ist die Länge der Siesta nicht festgelegt, sondern dehnbar: Die „Kernzeit" liegt irgendwann zwischen 15 und 16.30 oder 17 Uhr. Zu dieser Zeit stehen die Räder im (süd-) spanischen Leben weitgehend still, viele Geschäfte, Monumente und Museen schließen. Im südlich-heißen Klima liegt der Urgrund der Siesta. Wie arbeiten, wenn die Sonne noch vom Himmel brennt? Mit einem Nickerchen tankt man Kraft für den zweiten Teil des Tags, der sich weit in die kühleren Abendstunden verschiebt. Nehmen Sie sich diesen Rhythmus zum Vorbild!

STIERKAMPF

Mensch gegen Tier, doch der Sieger steht fest, denn das Fleisch ist schon vor dem ungleichen Fight verkauft: Am Stierkampf, der *corrida de toros,* scheiden sich die Geister. Traditionsbewusste Andalusier berauschen sich an der Dramatik, an der Ästhetik der Toreros, an Mut und Stärke der Kampfstiere. Den Anhängern, den *aficionados,* gilt der Kampf als Kunst. Für die meisten Nichtspanier – und auch für immer mehr Spanierinnen und Spanier – ist das Ritual nichts weiter als ein Gemetzel, das abgeschafft gehört. Dieses Anliegen stößt bei der Politik bislang leider meist auf taube Ohren – zu mächtig ist die Stierkampflobby, zu groß sind die Summen, die in diesem Wirtschaftszweig fließen.

Die Kämpfe folgen einem festen Regelwerk, der Ablauf ist immer gleich und besteht nach dem Vorspiel des in die Arena stürmenden Stiers aus drei Dritteln: Lanzen-, Banderillas- und Tötungsphase. Im Lanzendrittel kommt der berittene Lanzenstecher zum Einsatz und bohrt vom gepanzerten Pferd aus sein Arbeitsgerät ins Fleisch des Stiers. Im Banderillasdrittel treiben die zum Team des Toreros gehörigen Läufer Widerhakenspieße *(banderillas)* in den Stiernacken. Am Ende, im Tötungsdrittel, tritt der Matador dem Stier bis zum finalen Degenstoß mit seinem roten Tuch entgegen. Ein einzelner Kampf dauert etwa 15 bis 20 Minuten, ein kompletter Stierkampfnachmittag bzw. -abend umfasst im Normalfall sechs Einzelkämpfe mit drei Toreros. Die beste Art des Protests gegen Stierkämpfe ist zuallererst, nicht hinzugehen. Eine andere Möglichkeit: Unterstützung oder ein „Gefällt mir"-Klick für diverse Initiativen oder die Partei Partido Animalista contra el Maltrato Animal *(pacma.es)*, die sich gegen die Misshandlung von Tieren einsetzt.

UMWELTSCHUTZ

Offiziell steht etwa ein Fünftel Andalusiens unter Naturschutz, doch auch dort ist die Natur nicht immer geschützt, das Umweltbewusstsein nicht konsequent genug. Einerseits pflanzen Schulklassen Bäume, finden löbliche Müllbeseitigungsaktionen in Eigeninitiative statt, andererseits lassen wirtschaftliche Interessen, Filz und Korruption den Umweltgedanken verschwinden. Da werden Apartmentkomplexe und Hotels gebaut, die paradoxerweise gegen Spaniens eigene Gesetze zur Küstenbebauung verstoßen. Da gibt es exklusive Golfplätze, die Wasser in Mengen schlucken, die es eigentlich längst nicht mehr gibt. In wasserarmen Gebieten sind die herkömmlichen Brunnen durch den Mehrverbrauch versiegt, das kostbare Nass wird immer tiefer aus der Erde gezapft. Nach demselben Prinzip funktioniert die Bewässerung der Treibhausmeere in der Provinz Almería, die um El Ejido Zehntausende Hektar bedecken. Unter silbrig glänzenden Plastikplanen reifen Exportprodukte im Schnelldurchgang: Gurken, Paprika, Auberginen, Zucchini, Salate. Oder Tomaten, die makellos rund und rot sind, aber kaum Aroma haben, doch dafür reichlich Pestizide, durch deren Einsatz die Erträge gesteigert werden.

ZWANGSRÄUMUNGEN

Ein trauriges Krisenphänomen sind in Spanien die sogenannten *desahucios*, Zwangsräumungen. Die zahlreichen Schilder mit der Aufschriftt „Se Vende" (zu verkaufen) oder „Se alquila" (zu vermieten) zeugen vom immensen Wohnungsleerstand. Allein 2015 wurden in Andalusien mehr als 10 000 Wohnungen zwangsversteigert. Dies führt zu sozialer Ausgrenzung und hat oftmals zur Folge, dass Kinder zu ihren Eltern zurückziehen und häufig bis zu drei Generationen unter einem Dach leben.

Grandioses Erbe der maurischen Zeit: wasserreiche Gärten wie in der Alhambra

ESSEN & TRINKEN

Andalusier sind Genussmenschen durch und durch. Ein erheblicher Teil ihres Finanz- und Zeitbudgets wandert in die Freuden des leiblichen Wohls. Eine gute Investition, vor allem bei der zur Perfektion gereiften Schlemmerkleinkunst: in den Bars Tapas zu kosten.

Tapas, das sind ***Appetithäppchen***, die auch außerhalb Spaniens längst zum Begriff geworden sind – doch kaum je so gut schmecken wie hier, an ihrem Ursprungsort im Süden Spaniens! Tapa ist nicht gleich Tapa, eine genaue Definition unmöglich. Die Vielfalt reicht von ***frittierten Tintenfischringen*** über Artischocken mit Sardellen bis zum Scheibchen luftgetrocknetem Schinken auf Brot. Einen besonderen Stellenwert genießen die Bars in Granada, wo Tapas in der Regel noch kostenlos und ungefragt zu Wein und Bier serviert werden: als unvorhersehbare, köstliche Überraschungen.

Kein Einheimischer käme dabei auf die Idee, die ganze Zeit an einem Ort zu bleiben. Tapas stacheln, vor allem abends, zu Häppchen-Streifzügen von Bar zu Bar an, immer auf der Suche nach den einfallsreichsten, den leckersten. Dabei ist es unüblich, dass jeder getrennt bezahlt. Man wirft vorher in eine ***Gemeinschaftskasse*** zusammen oder es zahlt reihum immer einer für alle. INSIDER TIPP Beste Visitenkarte einer Kneipe ist übrigens ein verschmutzter Fußboden, auf dem sich Papierservietten, Zahnstocher und Olivenkerne verteilen und bezeugen: Hier waren Unmengen an Einheimischen vor mir, hier muss es gut sein, hier muss ich

 Bild: Gazpacho

Öfters die Bar wechseln heißt die Devise – nur so schaffen Sie es, möglichst viele der andalusischen Appetithäppchen zu probieren

trotz **drangvoller Enge** unbedingt ein Häppchen probieren!

Eine Tapatour gehört zum Lebensrhythmus in Andalusien, mit dem Sie immer wieder auf für Mitteleuropäer anfangs befremdliche Art Bekanntschaft machen: zum Beispiel, wenn die Landhotelwirtin freundlich erklärt, das Frühstück werde zwischen 9 und 11 Uhr serviert. Generell gilt es, sich dem landesüblichen, **nach hinten verschobenen Tagesrhythmus** anzupassen. Das Mittagessen steht erst ab 13.30 oder 14 Uhr, das Abendessen unter Spaniern nicht vor 21 oder 22 Uhr an. In Urlaubszentren haben sich die meisten Lokale allerdings auf frühere (oder gar durchgehende) Essenszeiten eingestellt, doch authentisch spanisch ist das ebenso wenig wie für das Gedeck *(cubierto)* zu kassieren (Vorsicht, Touristennepp!), ein Kassler mit Kartoffelpüree auf die Karte zu setzen oder am Morgen eine Wurst- und Käseauswahl aufzutischen. Spanier lieben es beim **Frühstück** nicht salzig, sondern süß – und spärlich! Da reicht schon ein Marmeladentoast

SPEZIALITÄTEN

aceitunas – Oliven; gut zum Wein oder zum frisch gezapften Bier *(caña)*
ajo blanco – kalte Knoblauchsuppe mit Mandeln und Trauben
boquerones – Sardellen, entweder frittiert *(fritos)* oder in Essig, Olivenöl und Knoblauch mariniert *(en vinagre)*
chorizo – herzhafte Schweinswurst mit Knoblauch und Paprika; kann roh gegessen werden, in Eintöpfen mitgekocht oder einfach nur gebraten und mit Sherry oder Rotwein abgelöscht
chuletillas de cordero lechal – Koteletts vom Milchlamm
churros con chocolate – frittierte Teigkringel, in dickflüssige heiße Schokolade getunkt; beliebt bei Nachtschwärmern nach durchzechten Stunden am Morgen (Foto li.)
gambas al ajillo – mit viel Knoblauch und Olivenöl gebratene Garnelen (Foto re.)
gazpacho – Kaltschale aus Tomaten, Paprika, Gurke, Zwiebeln, Knoblauch, Essig, Olivenöl und Weißbrot
jamón de Trevélez – luftgetrockneter Serranoschinken aus dem Bergdorf Trevélez in der Alpujarra
pescaíto frito – kleine Fische, in einem feinen Teigmantel frittiert; *die* Spezialität in Strandrestaurants und -bars
pincho moruno – mariniertes Fleischspießchen
plancha, a la – auf der glühend heißen Kochplatte zubereitet – Fisch und Fleisch genauso wie Gemüse
plato alpujarreño – deftiges Gericht aus der Alpujarra: eine Platte mit Blutwurst *(morcilla)*, Salami *(longaniza)*, luftgetrocknetem Schinken, Spiegelei, Bratkartoffeln und gelegentlich einem Stück Schweinelende *(lomo)*
rabo de toro (estofado) – (geschmorter) Stierschwanz

oder ein Croissant, dazu ein Milchkaffee *(café con leche)*, ein Espresso *(café solo)* oder ein Espresso mit einem Schuss Milch *(cortado)*. Teetrinker werden angesichts der lieblosen Beutelteeaufgüsse fast immer enttäuscht sein, es sei denn, man erwischt einen ***frischen Minztee*** in einer maurisch inspirierten Teestube *(tetería)* in Granada. Umso mehr freut man sich, wenn gegen 12 oder 13 Uhr die Stunde des ***Aperitifs*** und der ersten Tapa als Vorspiel des Mittagessens schlägt.

Mittags ist das ***Tagesmenü*** *(menú del día)* stets eine gute Wahl. Wem ein ganzes Menü zu viel ist, der beschränkt sich auf einen gemischten Salat *(ensalada mixta)*, ein belegtes Baguette *(bocadillo)* oder ein paar Tapas. Ebenso lässt sich eine Schinken- oder Käseplatte als ganze Portion *(ración)* oder **halbe Portion** *(media ración)* ordern; auch **Meeresfrüchte** gibt es als *ración*. In Touristenorten kommt auch Paella auf den Tisch, obwohl ihre Heimat eigentlich in Valencia liegt. Bei einer guten Paella sind die Zutaten immer deutlich erkenn- und schmeckbar, vom Gemüse (u. a. Paprika, Tomaten) bis – je nach Variante – zu Meeresfrüchten und Fleisch (z. B. Schweine-, Hühner- oder Kaninchenstücke).

Fischgerichte sind zwar beliebt, aber nicht preiswert. Da spielen Aspekte wie gestiegene Unkosten und überfischte Meere mit, wobei z. B. Lachs *(salmón)* meist ohnehin aus Zuchtfarmen stammt. Beliebt sind u. a. Wolfsbarsch *(lubina)*, Seeteufel *(rape)*, Krake *(pulpo)*, Tintenfische *(calamares)* und kleine Tintenfische *(chipirones)*.

Abends decken Spitzenrestaurants mit einem Degustationsmenü auch höhere Ansprüche ab. Ein solches Menü, das 50 Euro und mehr kosten kann, gibt dem Küchenchef Gelegenheit zu zeigen, was in ihm steckt. Doch auch wenn man gut, viel und gerne isst, achten die Südspanier auf das, was als ***dieta mediterránea*** bekannt ist: die Verwendung gesunder, ausgewogener Zutaten – viel Gemüse, Obst, Knoblauch, Olivenöl, Fisch.

Qualitätsweine sind auf dem Etikett an ihrer geschützten Herkunftsbezeichnung *(Denominación de Origen)* zu erkennen. Neben Rotwein *(tinto)*, Rosé *(rosado)* und Weißwein *(blanco)* gibt es auch Süßwein aus Muskatellertrauben (z. B. *vino de Málaga*). Biertrinker finden mit Cruzcampo, San Miguel oder Mahou ordentliche einheimische Marken. Ein **frisch gezapftes Bier** ordern Sie als *caña*, während Sie bei der Bestellung einer *cerveza* meist ein Flaschenbier bekommen; die Menge ist oft klein (0,25 oder 0,33 l); als Variation gibt es auch Bier ohne Alkohol *(cerveza sin alcohol)*. Wassertrinker greifen angesichts des starken Chlorgehalts von

Ein Gläschen *fino* ist der ideale Tapabegleiter

Leitungswasser besser zu Mineralwasser *(agua mineral)*.

Typisch andalusisch sind nicht nur die gehaltvollen, starken Süßweine, sondern auch der **Sherry** aus der Gegend um Jerez de la Frontera. Man bestellt allerdings nicht „Sherry", sondern direkt die gewünschte Sorte, z. B. *fino* als trockenen, *amontillado* als halbtrockenen und *oloroso* als süßen Sherry.

EINKAUFEN

Gewachsene Traditionen und der große Besucherzulauf machen diesen Teil Andalusiens zu einem Einkaufsparadies. In Granada fühlen Besucher sich in der Alcaicería, dem einstigen Seidenbasar der Mauren, in den Orient versetzt. Allerdings gibt es auch viel Nepp und klischeehaften Plunder: Flamencotänzerinnen in Püppchenform, Kastagnetten und Low-Budget-Flamencokleider aus höllisch schlechtem Material. Manches ist massentouristischer Ramsch *made in China.*

Das authentische Kunsthandwerk spiegelt dagegen die Einflüsse der verschiedenen Kulturen wider, die die Gegend geprägt haben: Phönizier, Iberer, Römer und speziell die Mauren. Und die frische spanische Modeszene aus Madrid und Barcelona strahlt auch nach Andalusien aus; Orte wie Puerto Banús setzen auf Edelboutiquen, in Almería und Granada geht es bodenständiger zu. Lederschuhe sind preisgünstiger als daheim. Die Marke *Fluchos* ist erfahrungsgemäß top – handgenähte Schuhe für sie und ihn.

Ein geldwerter Tipp am Rand: In Apotheken sind Artikel wie Sportgels und Wärmepflaster in der Regel günstiger als bei Ihnen zu Hause und manche Medikamente, die andernorts rezeptpflichtig sind, werden in Spanien frei abgegeben.

FLICKENTEPPICHE

Jarapas heißen die INSIDER TIPP Flickenteppiche, die in größeren Bergdörfern der Alpujarra erhältlich sind. Ursprünglich verwebten die Hausfrauen alte Lappen und Lumpen, heute ist es ein Kunsthandwerkszweig, der bunte, preisgünstige Mitbringsel hervorbringt. Kleine Flickenteppiche kosten ab ca. 7–8 Euro, 1-x-2-m-Exemplare 25–30 Euro. Trotz der Hinweise „waschmaschinentauglich" sollten Sie die Stücke bei Verschmutzung vorsorglich nur mit der Hand waschen.

INTARSIEN

Taracea nennt man den Typus der maurisch inspirierten Einlegearbeit. Damit ziert man Schmuckkästchen, Schachspiele, Spiegelrahmen, Tabletts, Spieluhren oder Tische. Die Meister verarbeiten Materialien wie Knochenstückchen, Perlmutt und verschiedene Edelhölzer zu kunstvollen Mosaiken. In Granada finden sich die größten Angebote.

KERAMIK

Glasierte Teller, Schälchen und Henkelkrüge in Grün und Blau auf weißem

Es gibt wahre Fundgruben für Mitbringsel – die Grenzen zwischen Kunst und Kitsch verlaufen dabei oft fließend

Grund – das sind Klassiker, deren Vorbilder auf der Epoche der Nasriden fußen. Auch Kannen, Tassen und Untersetzer sind erhältlich. Granada bietet eine besonders reiche Auswahl.

KULINARISCHES

Konserven mit eingelegten Oliven *(aceitunas)* sind günstig und ebenso leicht zu transportieren wie Dosen mit Leberpastete vom besonders aromatischen Iberischen Pata-Negra-Schwein *(paté de higado de cerdo ibérico)*. Eine herzhafte Paprikawurst *(chorizo)* oder ein Stück Serranoschinken lässt man sich für den Heimtransport nach Möglichkeit luftdicht in Folie einschweißen *(envasar al vacío)*. Erliegen Sie z. B. im Alpujarra-Ort Trevélez der Versuchung, eine ganze Schinkenkeule zu kaufen, sollten Sie wissen: Ohne Schinkeneinspanner *(jamonero)* gerät das Halten und Absäbeln zur Tortur! Eine süße Besonderheit ist INSIDER TIPP Zuckerrohrhonig *(miel de caña)* aus Frigiliana. Wer mit dem eigenen Auto unterwegs ist oder sich den Transport im Koffer zutraut, kann Platz für ein paar Flaschen lassen: kaltgepresstes Olivenöl *(aceite de oliva virgen extra)*, Wein, Tresterschnaps *(orujo)* aus der Alpujarra oder Süßwein aus Cómpeta.

MÄRKTE

Straßenmärkte *(mercadillos)* haben ihre festen Termine und Plätze. Besonders beliebt sind die bunten Stand- und Budentreffs in Küstenstädten wie Nerja, Fuengirola, Torremolinos, Estepona und Marbella.

MUSIKINSTRUMENTE

Neben Madrid gilt Granada als wichtigste Schule für Instrumentenbauer in Spanien. Über zwei Dutzend Gitarrenbauer sind noch heute in der Provinz Granada tätig. Sie stellen klassische Konzert- wie auch Flamencogitarren her.

ALMERÍA & COSTA DE ALMERÍA

Lust auf Wildwestkulissen und Hitzeflimmern? Auf Klippen in Braun- und Ockertönen und schroffe, wüstenhafte Berge, die ans Meer stoßen und kleine Traumstrände einschnüren? Auf abgeschiedene Buchten ohne Buden, ohne Häuser (und ohne Schatten!)? Dann sind Sie im Naturpark Cabo de Gata goldrichtig!

Es ist Spaniens trockenste Gegend – das Licht ist gleißend, das Meer glasklar. Ausgetrocknete Flussbetten zerfurchen die Landschaft, tausendfach ist die Erdkruste der Hänge aufgeplatzt. Einst ein armer, vergessener Landstrich, entdecken heute Individualisten mehr und mehr das Erlebnispotenzial der Costa de Almería. Hier finden Sie die naturbelassensten und einsamsten Strände im ganzen Gebiet dieses Reiseführers. Einsam bedeutet aber auch: keine Infrastruktur. Ein ideales Quartier ist der Küsten- und Hafenort San José, Startpunkt von Wanderungen, Mountainbiketouren und Pisten, auf denen die Autos auf dem Weg zu den schönsten Stränden Staubfahnen aufwirbeln.

Nichts gemein mit dieser Szenerie haben die Plastikgewächshäuser um El Ejido und die zubetonierte Küste um Aguadulce und Roquetas de Mar. Größte Stadt ist die Provinzmetropole Almería, an deren Westrand die letzten schrundigen Bergausläufer im Mittelmeer versinken.

ALMERÍA

(133 D5) (🗺 M5) **Al-Mariyya, „Spiegel des Meeres", nannten die Mauren die**

Bild: Playa del Mónsul beim Cabo de Gata

Halbwüste, kahle Berge, Sommerglut: Die sonnendurchglühte Provinz Almería wirkt wie ein Vorposten Afrikas in Europa

WOHIN ZUERST?
Ganz klar: zur weithin sichtbaren **Alcazaba!** Sie ist am besten zu Fuß erreichbar. Busse und Züge kommen an der Estación Intermodal (Plaza de la Estación) an; ab dort ist es ein knapper Kilometer bis an den Zentrumsrand. Günstig gelegene Parkhäuser an der Plaza López Falcón, der Plaza de San Pedro und der Avenida Federico García Lorca.

Hauptstadt (185 000 Ew.) der Provinz Almería.
Kalif Abd ar-Rahman III. befahl Mitte des 10. Jhs. den Bau der Wehrburg Alcazaba, die 20 000 Kämpfern Platz bot und eine perfekte Kontrolle über den Hafen- und Handelsstützpunkt erlaubte. Gebieterisch thront sie auf einer Anhöhe hinter der Altstadt und zeigt ihre Zähne aus Zinnenreihen. Feigenkakteen klammern sich an die Felsabstürze und steigen zu teils stark restaurierten Mauern auf, die sich rückwärtig bis zum Nachbarhügel San Cristó-

Der Aufstieg zur Alcazaba raubt den Atem – der anschließende Blick von oben aber auch

bal ausdehnen. Es ist einer der größten mittelalterlichen Wehrkomplexe in Spanien, den die Christentruppen 1489 den Mauren entrissen.

Im heutigen Almería legen sich Ringe aus gesichtslosen Hochhäusern um den Stadtkern, doch das tut der Lebensfreude der Bewohner keinen Abbruch. Traditionell treffen sich die Almerienses auf kleinen Plätzen, in den Tapabars und etwas außerhalb an den Strandpromenaden. Stellen Sie sich darauf ein, dass es Almería mit dem Flair anderer Städte nicht aufnehmen kann. Burg, Kathedrale und Kneipen, wo es Tapas oft umsonst zum Getränk gibt, sind die besten (und einzigen) Besuchsargumente für Almería.

SEHENSWERTES

ALCAZABA ★ ●

Der Zugang zur maurischen Zitadelle mit Ursprung im 10. Jh. führt über Zickzackrampen und durch das hufeisenförmige Tor der Gerechtigkeit, die *Puerta de la Justicia,* hinter dem sich ein weitläufiges Areal mit Wehrgängen, Türmen und Gartenterrassen öffnet. Nach Schätzungen von Historikern fasste der Verteidigungskomplex bis zu 20 000 Menschen; an klaren Tagen bietet sich meerwärts eine Fernsicht von mehr als 50 km. Auch wenn von dort keine Feinde mehr zu erwarten sind: Die grandiose Aussicht auf die gleißende Weite des Mittelmeers fasziniert auch heutige Besucher. Dazwischen liegen Altstadthäuser, Flachdachterrassen und die Hafenanlagen mit ihren Kühllagern und Verladekränen.

In den Gärten der Vorburg werfen Zypressen und Palmen Schatten, Brunnen und kleine Kanäle strahlen Kühle in stille Winkel ab, Hecken und Beete sind sorgsam gepflegt. Ein zweiter Mauerverbund schützte den Palastkomplex der Burgherren, doch davon ist wenig geblieben.

Umso dominanter platzierten die christlichen Eroberer zu Beginn des 16. Jhs. ihr Kastell in den obersten Teil der Alcazaba: ein Symbol des Triumphs über den Islam, gekrönt vom Huldigungsturm *Torre del Homenaje. Sommer Di–Sa 9–15.30 und 18.30–22, sonst jahreszeitlich variierend 9–18.30 oder 20 Uhr, So ganzjährig 10–17 Uhr | Zugang über die C/ Almanzor*

ALTSTADT

Die Altstadt macht einen provinziellen, regelrecht dörflichen Eindruck und zeigt sich recht unstrukturiert. Einen klassischen Hauptplatz gibt es nicht. Anhaltspunkt ist die klobige Kathedrale an der Plaza de la Catedral mit ihren symmetrisch aufgereihten Palmen. Östlich begrenzt wird die Altstadt vom geschäftigen, aber viel befahrenen Paseo de Almería. Die Fußgängerzone um die Calle de las Tiendas fällt äußerst kurz aus. An ihr lohnt das säulenflankierte Seitenportal der *Iglesia de Santiago Apóstol* einen Blick. Es zeigt den hl. Jakobus als Maurentöter *(Matamoros)* – so soll er den christlichen Streitern im Mittelalter bei einer Schlacht erschienen sein und sie zum Sieg gegen die Glaubensgegner geführt haben.

CABLE INGLÉS

Ein Muss für Architekturnostalgiker ist dieses gewaltige Eisenkonstrukt vom Beginn des 20. Jhs., eine historische Mineralienverladestation am Hafen auf Höhe der Avenida Federico García Lorca.

KATHEDRALE

Nach der Eroberung Almerías 1489 aus maurischer Hand kam die Gefahr bald von See her: Piraten! Aus Furcht vor Angriffen wurde die Kathedrale in wehrhaftem Stil erbaut: zinnenbesetzt, kaum Fenster – der Bau gleicht mehr einer Burg als einem Gotteshaus. Die Arbeiten hielten bis ins 18. Jh. an und brachten dadurch einen Stilmix aus Renaissance und

MARCO POLO HIGHLIGHTS

★ **Alcazaba in Almería**
Zwischen Zinnen, Türmen und Gartenterrassen im Bann der über 1000-jährigen Burg → S. 34

★ **Desierto de Tabernas**
Menschenfeindliche Szenerie mit Westernkulissen: die Wüste von Tabernas → S. 37

★ **Naturpark Cabo de Gata**
Eines der letzten Küstenparadiese Südwesteuropas → S. 38

★ **Cala de la Media Luna**
Die „Halbmondbucht" ist ein echter Strandtraum → S. 42

Barock hervor. Auch im lang gestreckten Inneren setzt sich der Wehrcharakter fort; die Leuchter an den Seiten wirken wie Fackeln. Um den umgehbaren Altarraum ziehen sich offene Bögen. *Mo–Fr 10–18, Sa 10–14 Uhr | Plaza de la Catedral*

ESSEN & TRINKEN

CLUB DE MAR

Hinter dem Yachthafen geht es treppauf in das weiträumige Restaurant mit Fensterfront auf die Boote. Der gastronomische Schwerpunkt liegt natürlich auf Fisch und Meeresfrüchten. *Di geschl. | Playa de las Almadrabillas 1 | Tel. 950235048 | rcmalmeria.com* | €€–€€€

TAPAS

Populäre Tapatreffs sind die *taberna La Encina (So-Abend und Mo geschl. | C/ Marín 16 | www.restaurantelaencina.net)* und die *Casa Puga (So geschl. | C/ Jovellanos 7).* In Bars wie diesen pflegt man die Sitte, Tapas umsonst zum Bier und zum Wein zu servieren. „Umsonst" stimmt allerdings nicht so ganz, denn das Getränk ist etwas teurer als üblich, die Kombipreise Drink plus Tapa liegen um 2,30–2,50 Euro.

STRÄNDE

Die Strände beginnen im südöstlichen Stadtgebiet, frequentiert ist die *Playa del Zapillo-El Palmeral.* An der Palmenpromenade *Parque de Nicolás Salmerón* sind bis spätabends Spaziergänger, Jogger, Radler und Inlineskater unterwegs.

AM ABEND

Beliebter Pub ist das *Burana (Paseo de Almería 56),* Livemusik gibt es gelegentlich

Alles Gute kommt von oben: *Ibérico*-Schinken in der Casa Puga

im *La Cueva (C/ Canónigo Molina Alonso 23 | lacueva-almeria.com).*

ÜBERNACHTEN

HOTEL CATEDRAL ALMERÍA

Viersternekomfort am Kathedralplatz, behagliches Interieur mit drei verschiedenen Zimmertypen und Preisklassen. Das Gebäude datiert aus der Mitte des 19. Jhs. Im Innern ist das stilvolle *Restaurante La Catedral* untergebracht. *20 Zi. | Plaza de la Catedral 8 | Tel. 950278178 | www.hotelcatedral.net* | €–€€

TORRELUZ CENTRO

Mittendrin im Zentrum, gutes Preis-Leistungs-Verhältnis. Mit Satelliten-TV und eigener Garage. Teurer – und um zwei Hotelsterne besser – ist das *Nuevo Torreluz* am selben Platz. *24 Zi. | Plaza de las Flores 8 | Tel. 950281429 | www.torreluz.com* | €

AUSKUNFT

Parque Nicolás Salmerón, Ecke C/ Martínez Campos | Tel. 950175220 | www.turismodealmeria.org (Stadt) und *www.turismoalmeria.com* (Provinz)

ZIELE IN DER UMGEBUNG

AGUADULCE (133 D5) *(M5)*

Die wenig attraktiven Neubausiedlungen der Küstenstadt Aguadulce (14 000 Ew.) mit ihren Apartmentkomplexen stehen im Kontrast zu einem der attraktivsten Sporthäfen Andalusiens. Dort laufen die Fäden des Nachtlebens mit Musikbars und Restaurants zusammen, kurz davor endet der passabelste Strandabschnitt. Oberhalb des Hafens zwängt sich die alte Nationalstraße an den Felsen entlang ins knapp 10 km nordöstlich gelegene Almería.

DESIERTO DE TABERNAS ★ (133 D–E 4–5) *(M4)*

Staubig und steindurchsetzt ist der Boden, verkrustet, zerschlitzt von Spalten und Furchen. Unter dem Stahlblau des Himmels dominieren Felsformationen das Bild, die Farbnuancen reichen von Dunkelbraun bis Rostrot. Wer ca. 20 km nördlich von Almería die A 92 nach Granada an der Ausfahrt Tabernas verlässt,

LOW BUDG€T

Fahrräder zu günstigen Preisen finden Sie in San José bei *Deportes Medialuna (C/ del Puerto 7 | Tel. 950380462 | medialunaventura.com).* Ein halber Tag kostet 10, ein ganzer Tag Radmiete 15 Euro. Gleiche Preise bei *Isub (C/ Babor 3 | Tel. 950380004 | www.isubsanjose.com).*

Eintritt frei heißt es in Almería in der Alcazaba und für EU-Bürger im archäologischen *Museo de Almería (Mitte Juni–Mitte Sept. Di–So 9–15.30, Mitte Sept.–Mitte Juni Di–Sa 9–20.30, So 9–15.30 Uhr | Ctra. de Ronda 91).* Ebenfalls kostenlos ist der Zugang in die Ausstellungen des *Andalusischen Zentrums für Fotografie (Centro Andaluz de la Fotografía | tgl. 11–14 und 17.30–21.30 Uhr | C/ Pintor Díaz Molina 9 | www.centroandaluzdelafotografia.es).*

Im Juli und August veranstaltet Roquetas de Mar das kostenlose Kulturprogramm ● *A Pie de Calle (apiedecalle.org),* im Juli außerdem das zweitägige Gratis-Musikfestival ● *Pulpop (www.pulpop.es).*

darf sich entlang der N 340a auf ein kurzes, bequemes Wüstensightseeing vom Fahrzeug aus freuen. Die Straße führt durch die Wüste *(desierto)* von Tabernas. Richtig liegt, wer sich in der Gegend an Django, Die glorreichen Sieben und Vier Fäuste für ein Halleluja erinnert fühlt: Legendäre Western wie diese wurden hier gedreht und rückten Almería ins Licht internationaler Filmproduktionen, Ereignisse, denen zwei Westerndörfer an der Strecke Tribut zollen: *Oasys* (siehe Kapitel „Mit Kindern unterwegs") und die *Cinema Studios Fort Bravo – Texas Hollywood (im Sommer tgl. 9–20, Westernshows im Regelfall um 14.30 und 19, sonst tgl. 9–18 mit Shows um 12.30, 14.30 und 17.30 Uhr | www.fortbravooficial.com).* Indianerzelte, ein Palisadenfort und eine staubige Siedlung heben sich aus der Landschaft ab, Galgen, Sheriffhaus und Saloon sorgen für Wildwestflair. Für Filmfans ist die authentische Kulisse ein lohnendes Ziel, das allerdings seinen Preis hat. Der Ort *Tabernas* ein Stück weiter an der Nationalstraße Richtung Murcia wird von einem Maurenkastell aus dem 11./12. Jh. beherrscht, zeigt sich sonst jedoch konturlos.

INSIDER TIPP PLATAFORMA SOLAR DE ALMERÍA (133 D–E4) *(M4)*

Das Solarforschungszentrum in der Wüste von Tabernas macht sich das Klima zunutze. Über 3200 Sonnenstunden pro Jahr bilden eine schier unerschöpfliche Ressource für die Gewinnung von Solarenergie, die hier in einem der weltweit bedeutendsten Versuchszentren dieser Art erforscht wird. Wer das etwa 30 km nördlich von Almería gelegene Areal besucht, fühlt sich in ein Szenario wie aus einem Science-Fiction-Film versetzt. Rundherum Wüstenberge, mittendrin endlose Spiegelreihen, metallisch glänzende Rohrsysteme, Turbinen, das Solarkraftwerk mit seinem 80 m hohen Turm. Die Anfang der 1980er-Jahre begründete Anlage basiert auf hochkomplizierten Vorgängen und einem schlichten Konzept: die günstigsten und umweltverträglichsten Wege zwischen der Kraft aus dem All und der Steckdose zu finden. Das Besucherzentrum bietet geführte Rundgänge *(Mo–Fr 10, 12 und 14 Uhr, Anmeldung obligatorisch)* an. *Tel. 9 50 38 79 90 | www.psa.es* (hier Antragsformular zum Download)

ROQUETAS DE MAR (133 D6) *(M5)*

Das weit auseinandergezogene Roquetas de Mar (80 000 Ew.) knapp 20 km südwestlich von Almería ist ebenso wie die Nachbarstadt Aguadulce Ziel des Pauschaltourismus; abstoßende Wohnwüsten sind nicht zu übersehen. Anziehender sind die ansehnlichen Strandpromenaden und Strände mit Duschen, Palmengrüppchen und Kinderspielgeräten. Makellos ist die *Playa de la Romanilla.* Ein weiterer Anziehungspunkt ist das restaurierte *Kastell (Di–Sa 10–13 und 18–20, So 10–13 Uhr)* aus dem 16. Jh., das Wechselausstellungen zeigt. Im modernen *Teatro-Auditorio* steigen Konzerte. Familien mit Kindern zieht es ins ● *Aquarium (Juni–Sept. tgl. 10–21, Okt.–Mai Mi–Fr 10–18, Sa/So 10–19 Uhr | www.aquariumroquetas.com),* wo sich Haie und Rochen tummeln, und in den benachbarten *Mario Park* (s. Kapitel „Mit Kindern unterwegs"). *www.roquetas-de-mar.es*

NATURPARK CABO DE GATA

(133 E–F 5–6) *(N5)* ★ **Einen solchen Naturmix finden Sie nirgendwo sonst in**

3200 Stunden im Jahr: Die Sonne heizt den Spiegeln der Plataforma Solar ganz schön ein!

Spanien! Vulkanformationen, Salinen, knochentrockene Berge und versteckte Buchten prägen 60 teilweise unberührte Küstenkilometer im Parque Natural Cabo de Gata-Níjar, den man sich gleichwohl nicht als komplett abgeschotteten Naturpark vorstellen darf.

Die Übergänge auf den Zufahrtsstraßen aus Richtung Almería oder von der A 7 her, die den Nordrand des Naturparks streift, sind nahtlos; einzig Schilder kündigen den Beginn des Parque Natural an. Über das 500 km² große Schutzgebiet – ein Viertel davon Meeresanteil – verteilen sich Dörfer, Gehöfte, kleine Landstraßen. Ein eigenes Fahrzeug ist für Entdeckungen unerlässlich. Bester Stützpunkt ist San José, wobei zu beachten ist, dass viele Unterkünfte über den Winter ihre Pforten schließen.

Offiziell heißt der Park Cabo de Gata-Níjar, doch den Gemeindenamen Níjar lässt man meist weg, da der Hauptort außerhalb des Parks liegt. Im Süden sticht das Cabo de Gata, ein schroffes Kap, in die See. Geologisch geht das Gebiet auf mehrere vulkanische Phasen vor sechs bis 15 Mio. Jahren zurück. Aschekegel und die typischen kegelförmigen Hügel wie der Morrón de los Genoveses über der gleichnamigen Bucht sind Zeugen dieses längst erloschenen Vulkanismus.

Obgleich Treibhäuser bis an die Parkränder drängen, hat eine Kette glücklicher Umstände den Küstenstreifen vor stärkerem Zugriff durch die Landwirtschafts- und Tourismusindustrie bewahrt. Kurioserweise darf man die Piraten als Urväter des Schutzgebiets bezeichnen: Die stetige Gefahr von Überfällen sorgte dafür, dass die Küste weitgehend unbesiedelt blieb; im Lauf des 18. Jhs. entstanden lediglich einige kleinere Festungsanlagen.

Die kargen Berge und Hügel, die sich bis an die Strände ausdehnen, haben Steppen- und Halbwüstencharakter. Eine halbe Stunde Regen im November gilt bereits als Ereignis; zwischen April und

Das Strandörtchen La Isleta del Moro schiebt sich auf einer Landzunge ins Meer

Oktober geht im Normalfall kein Tropfen nieder. Einzig der Dunst über Nacht bringt etwas Feuchtigkeit, um Kräuterbüschel, Espartogras und Zwergpalmen überleben zu lassen.

ZIELE IM NATURPARK

CABO DE GATA (133 E6) *(N5)*
Felskulissen, Leuchtturm, brandende See – das Cabo de Gata fährt die klassischen Zutaten eines Kaps auf. Noch spektakulärer zeigt sich das danebenliegende *Arrecife de las Sirenas,* dessen Felsen wie Nadelspitzen aus dem Meer stechen: ein maritimes Zaubergebirge in Kleinformat, Rest eines vulkanischen Kamins. Bis Mitte des 20. Jhs. lebten hier Mönchsrobben, auf die der Name Sirenas zurückgeht – dem Aberglauben der Fischer zufolge stammten die ausgestoßenen Laute nicht von den Tieren, sondern von Sirenen, Mischwesen aus Frau und Fisch. Die einzige Straße zum Kap führt vom oft nur El Cabo de Gata genannten Ort *San Miguel de Cabo de Gata* (kleine Promenade, historischer Wachturm im Sand) über La Almadraba de Monteleva durch den flachen Westteil des Parks. Beiderseits von San Miguel erstreckt sich über einige Kilometer ein kieselig-sandiges Strandband. Dass die Salzgewinnung in den nahen Salinen andauert, lässt sich an den Salzbergen erkennen, die sich kurz vor La Almadraba an der Straße auftürmen.
Ein Abstecher vom Kap ins Vorgebirge INSIDER TIPP *Vela Blanca* gibt die schönsten Aussichten im Naturpark frei. Motorisiert oder auch zu Fuß geht es wie folgt dorthin: Etwa 300 m vor dem Parkplatz am Kap nehmen Sie das unscheinbare Sträßchen nach links, vorbei an Zwergpalmen und dem Parkplatz oberhalb der Bucht Cala Rajá. Dahinter windet sich die Straße, die nicht in bestem Zustand ist, 1,6 km hinauf ins Gebirge, wo der historische Wachturm Vela Blanca und eine Antennenstation als Anhaltspunkte aufragen. An der Antennenstation endet die Straße – mit Traumblicken auf das Kap! Unterhalb des nahen Wachturms liegt Ihnen die buchtenreiche Ost-

küste des Naturparks Richtung San José zu Füßen. Die Piste hinab zu Stränden und Buchten wie der Cala de la Media Luna ist von dort oben aus für den motorisierten Verkehr gesperrt, nicht aber für Mountainbiker oder Wanderer. Wegen der weiten Inlandsschleife sind es für Autofahrer vom Kap noch rund 30 km bis nach San José.

LA ISLETA DEL MORO

(133 E5–6) (*N5*)

Der Strand- und Fischerort an der Ostküste unweit von Pozo de los Frailes ragt auf einer Landspitze in die Bucht hinaus. Schön ist der Blick über die Bucht auf das Frailes-Massiv.

RODALQUILAR (133 E5) (*N5*)

Geisterhafte Gebäudeskelette und verfallene Becken erinnern am Ortsrand von Rodalquilar an eine kurze Ära des Goldrauschs. 1883 wurde hier Gold entdeckt; um 1950 waren Hunderte Arbeiter mit dem Abbau beschäftigt, doch bereits 1966 sämtliche Adern erschöpft. Schilder mit der Aufschrift „Minas de Oro", Goldminen, weisen im Ortskern zu den Betonruinen. Bei der Anfahrt zum Ort öffnen sich schöne Küstenblicke vom Aussichtspunkt *Mirador Las Amatistas.*

AUSKUNFT

Das Besucherzentrum des Naturparks, das *Centro de Visitantes Las Amoladeras (Tel. 950160435 | www.parquenatural.com),* liegt wenige Kilometer nordöstlich von San Miguel bei Ruescas/Rambla de Morales; die Anfahrt ist ausgeschildert.

SAN JOSÉ

(133 E6) (*N5*) **Mehrere kleine Hotels und Restaurants machen San José (2000 Ew.) zum größten und besten Stützpunkt im Gebiet des Naturparks Cabo de Gata.**

Das leuchtende Weiß der Häuser zieht sich um die Bucht und greift ein Stück ins Landesinnere, überragt von den schroffen Ausläufern der Sierra de Cabo de Gata mit dem knapp 500 m hohen Frailes-Massiv.

San José liegt als Sackgassenort an der Ostküste des Naturparks am südlichen Ende der einzigen Zufahrt vom Inland. Lediglich eine Piste führt dann noch weiter südwestwärts an Traumstrände wie Los Genoveses und Media Luna. Diese Piste ist mit dem eigenen Auto (bei Mietwagen unbedingt vorher die Bestimmun-

BIRDWATCHING

Etwa 500–600 rosafarbene Flamingos leben ganzjährig in den Salinen des Naturparks Cabo de Gata. Im Sommer erhöhen sich die Bestände auf bis zu 2500 Tiere. Von frei zugänglichen Schutzhütten aus können Sie die Vögel gut beobachten: kurz vor San Miguel de Cabo de Gata links von der Straße (wenn Sie aus Richtung Rambla de Morales kommen) oder, besser noch, am Observatorio Las Salinas an der Strecke zwischen San Miguel und dem Kap (nach links, ausgeschildert). Mit ein wenig Glück bekommen Sie auch Grau- und Silberreiher, Stelzenläufer, Kormorane und Säbelschnäbler zu Gesicht. Sie können die Salinen auch in einer ca. 11 km langen Runde umwandern.

gen kontrollieren!), aber auch gut mit Mountainbikes befahrbar. Im Ort spielt sich das Leben um die palmenbestandene Plaza de Génova, die Strandpromenade Paseo Marítimo und den Motorboot- und Seglerhafen ab.

ESSEN & TRINKEN

IL BRIGANTINO

Einfach und zweckmäßig ausstaffiert ist dieses italienische Restaurant, das über Pizza und Pasta hinaus auch ein Tagesmenü anbietet. Ein populärer Treff. *Okt.–Juni Mo–Do geschl. | C/ Entrada 53 | Tel. 950380270 | ilbrigantino.es | €*

CUATRO NUDOS

Restaurant am Sporthafen mit Reisgerichten, Meeresfrüchten und Fisch. An Sommerabenden können Sie auch oben auf der Terrasse speisen. *In der Nebensaison Mo geschl. | Puerto Deportivo | Tel. 620938160 | www.cuatronudossanjose.com | €€*

STRÄNDE

Am südwestlichen Ende von San José führt eine Piste ca. 8 km parallel zur Küste; am Weg liegen die Abzweige zu den Parkplätzen der Strände. Im Sommer wird gelegentlich ab San José ein Buszubringer eingesetzt; das Vorgehen ändert sich von Jahr zu Jahr und ist nicht vorhersagbar. Außerhalb des Hochsommers hat man weite Strandabschnitte oft praktisch für sich allein.

Die *Playa de los Genoveses* läuft sichelförmig auf den Vulkanhügel Morrón de los Genoveses zu; am Mittelstück des Strands gibt es versteinerte Dünen. Zwischen den Stränden Genoveses und Mónsul liegt die *Playa Barronal,* ein offizieller Nacktbadestrand. Diesen erreichen Sie, wenn Sie Ihr Auto auf dem Pistenparkplatz abstellen und knapp zehn Minuten über Hügel und Sand stapfen. Leichter erreichbar sind die letzten Strände nahe der Piste: die *Playa del Mónsul* und die Cala de la Media Luna, beide mit staubigen Parkplätzen davor.

Die etwa 300 m breite, auf beiden Seiten von Felsmassiven eingefasste „Halbmondbucht" ★ *Cala de la Media Luna* ist der Inbegriff eines naturbelassenen, kleinen Traumstrands mit feinem Sand und kristallklarem Wasser, aber – wie auch die anderen im Naturpark – vollkommen schattenlos. An der Küste Richtung Kap wandert der Blick an schroffen Bergflanken entlang, die Farbtöne zerfließen zwischen Ocker, Kreideweiß und Rostbraun. Im Hintergrund steigt das Vorgebirge Vela Blanca auf.

Wer sich von San José in den Nordteil des Naturparks aufmacht, findet den schönsten Strand zwischen Agua Amarga und Carboneras, die *Playa de los Muertos.*

FREIZEIT & TOUREN

Ab San José organisiert die Agentur *Grupo J 126 – Rutas de la Naturaleza (Av. de San José 27 | Tel. 950380299 | www.cabodegata-nijar.com)* INSIDER TIPP Jeeptouren und Wanderungen, auf Anfrage auch auf Deutsch geführt. Eine Nachtwanderung führt im Sommer unter das Sternenzelt der Halbwüste. Bei den Touren am Tag Wasser und Sonnenschutz nicht vergessen! Eine weitere Agentur, *Medialunaventura (C/ del Puerto 7 | Tel. 950380462 | www.medialunaventura.com),* bietet zwei- bis dreistündige INSIDER TIPP Touren im Seekajak an.

Für eine schöne MTB-Tour in Eigenregie durch den Naturpark folgen Sie ab San José (hier auch Radverleih) der Staub- und Schotterpiste südwestwärts zu den Stränden. Hinter dem letzten, der Cala de la Media Luna, an der Sperrschranke vor-

bei in weiten Schleifen hinauf ins Kapvorgebirge Vela Blanca, dann auf schlaglochdurchsetztem Asphalt abwärts zum Kap. Rückfahrt auf derselben Strecke, insgesamt ca. 25 km. Anstrengend – unbedingt an Sonnenschutz und genügend Wasser denken!
Wanderer können südwestlich von San José zunächst ein Stück an der Piste entlang Richtung Playa de los Genoveses gehen und am Aussichtshügel unterhalb der Windmühle dem ausgeschilderten Wanderpfad *Sendero Los Genoveses* schräg nach links folgen. Ziel ist der ab hier 2,3 km entfernte Vulkanhügel *Morrón de los Genoveses* über dem Strand. Hinter der Playa de los Genoveses können Geübte INSIDER TIPP **dem Küstenverlauf weiter von Bucht zu Bucht bis zur Playa del Mónsul folgen,** aber Vorsicht: Der Weg führt nicht am Wasser entlang, sondern durchs Inland über teils steile Geröllhänge und durch tiefe Senken! Pfade sind zum Teil, aber nicht immer zu erkennen.

ÜBERNACHTEN

INSIDER TIPP HOTEL DOÑA PAKYTA

Ein stilvolles, kleines Hotel, in dem sich der Aufpreis für die Terrasse wegen des Panoramablicks über die Bucht lohnt. Über eine Treppe kommen Sie vom Hotel direkt zum Strand. Restaurant mit Sommerterrasse. *13 Zi. | C/ Correo 51 | Tel. 950 611175 | www.cortijoelsotillo.es |* €€€

EL DORADO

Freundlich geführtes *hostal,* etwas erhöht im Ortskern gelegen. Die Zimmer sind in gutem Zustand. *27 Zi. | Camino de Aguamarina | Tel. 950 38 01 18 | www.hostaleldorado.com |* €

SANTUARIO SAN JOSÉ

Einfaches, sauberes *hostal* mit Restaurant in bequemer Gehentfernung zu Strand und Hafen. *28 Zi. | C/ de Cala Higuera 9 | Tel. 950 38 05 03 | www.elsantuariosanjose.es |* €

Vulkanischen Ursprungs ist die bizarre Küstenlinie im Naturpark Cabo de Gata

GRANADA & COSTA TROPICAL

Von 0 auf 3481 m – zwischen der zerklüfteten Küste und den Höhenzügen der Sierra Nevada deckt diese Region geografische und landschaftliche Extreme ab. Und kulturell-historisch bringt Sie Granada mit seinem verwinkelten Viertel Albaicín und der Alhambra auf die Spur der Mauren. Die Zauberkraft, die von diesem Zuckerbäckerwerk aus Stalaktitenkuppeln und Arabesken ausgeht, ist einzigartig in Europa.

An der Küste steht diese Region nicht für Strandklassiker wie aus dem Bilderbuch, doch immer wieder stößt man zu versteckteren Stränden wie Cantarriján (FKK, steinig) und Marina del Este (klein, kieselig) vor. Ein guter Ausgangspunkt zu unbekannteren Stränden ist das Städtchen Almuñécar. Hier sind die Strände meist steinig-kieselig, dafür ist das Wasser besonders klar.

Die Menschen leben nicht vom Tourismus allein: In Plantagen wachsen Orangen, Mandeln, Oliven und INSIDER TIPP Chirimoyas, die kartoffelgroßen, extrem calciumhaltigen Vorzeigefrüchte der Costa Tropical. Hinter der grünen Schale mit dem charakteristischen Wabenmuster verbirgt sich ein weißes, kernreiches, cremiges, leicht säuerlich schmeckendes Fleisch, an das man sich am besten mit einem Löffel heranmacht. Der andere große Genuss dieser Region sind die vielfältigen Tapas. Erst ausgedehnte Häppchenstreifzüge durch die zahlreichen Bars und Tavernen der Stadt machen einen Citytrip nach Granada zum ganzheitlichen Erlebnis.

Bild: Alhambra und Sierra Nevada

Die höchsten Berge auf dem spanischen Festland, eine „tropische Küste" – und mittendrin das pulsierende Granada mit der Alhambra

ALMUÑÉCAR

(131 E5) (🗺 J5) **Die gute Luft, 320 Sonnentage pro Jahr und die breiten Strandpromenaden zählen zu den Pluspunkten dieses Zentrums der Costa Tropical.**

Die steinig-kieseligen Strände dehnen sich über mehrere Landzungen aus, unterbrochen vom Felsmassiv Peñón del Santo. Der Küstenstreifen ist flächendeckend zubetoniert, ein Schicksal, das Almuñécar mit den Ferienzielen der sich weiter im Westen anschließenden Costa del Sol teilt.

Das Städtchen (28 000 Ew.) blickt auf eine lange und bewegte Geschichte zurück, beginnend mit einer Phöniziersiedlung vor etwa 2800 Jahren. Die Reste ihrer Fischpökelgruben *(fábrica de salazones)*, die später die Römer übernahmen, liegen im Park El Majuelo, über dem sich das Kastell erhebt. In der Oberstadt zwischen Burg und Archäologischem Museum liegen die ursprünglichsten Teile des Orts mit ihren Gassen und weiß getünchten Häusern. Da stehen Blumenkübel neben den Eingängen, da kommt es vor, dass Fremde von Älteren noch freundlich gegrüßt werden. Trubelig und geschäftig geht es hingegen nahe dem Rathaus um die Calle Real zu. Im Hinterland liegt die Bergbarriere der Sierra de Almijara im Blick.

PARQUE ORNITOLÓGICO LORO SEXI

Informationen zu Almuñécars Vogelpark im Kapitel „Mit Kindern unterwegs".

PEÑÓN DEL SANTO ★

Der Felsen trennt die beiden Hauptstrände Almuñécars voneinander. Über 75 Stufen geht es auf die gekachelte Aussichtsesplanade. In aller Ruhe lassen sich die Blicke aufs Meer und die kahlen Gebirgszüge im Inland genießen, betupft mit dem Weiß von Häusern.

Vom Aussichtsfelsen Peñón del Santo liegen Ihnen Almuñécars Strände zu Füßen

SEHENSWERTES

CASTILLO DE SAN MIGUEL

Die Burg ist maurischen Ursprungs, allerdings haben Restauratoren stark Hand angelegt. Auf- und Abgänge führen zwischen altem und neuem Mauerwerk hindurch. Der kleine, bereits von den Römern genutzte Höhlenkomplex der INSIDER TIPP *Cueva de los Siete Palacios* beherbergt das *Museo Arqueológico.* Interessant wie die Grottenstrukturen mit ihren Bruchsteinbögen sind die Ausstellungsstücke, zu denen Alabasterkrüge, Amphoren und Öllämpchen zählen. *Di–Sa 10–13.30 und 17–19.30, So 10–14 Uhr | Barrio de San Miguel*

ESSEN & TRINKEN

Beliebte Tapazonen um den *Rathausplatz (Plaza de la Constitución)*, die *Plaza Kelibia* und hinter dem *Paseo Puerta del Mar.*

CALABRE

Fisch und Krustentiere sind Trumpf im Strandrestaurant an der Playa de San Cristóbal. *Außer im Sommer Di geschl. | Paseo de las Flores | Tel. 958630080 |* €–€€

STRÄNDE

Die Strände spannen sich von der östlichen *Playa Velilla* über die citynahen Abschnitte *Puerta del Mar* und *Caletilla* bis zur westlichen, langen *Playa de San Cristóbal;* dort liegen häufig Fischerbötchen.

FREIZEIT & SPORT

Auf den Promenaden halten sich Jogger fit, an der Playa Velilla am Paseo Reina Sofía öffnet im Sommer ein Salzwasser-*Aquapark (www.aqua-tropic.com).*

ÜBERNACHTEN

HELIOS COSTA TROPICAL

Die gute Lage hinter dem Strand San Cristóbal spricht für diesen Hotelblock. Viele Zimmer mit Meerblick, Pool. *227 Zi. | Paseo de las Flores 12 | Tel. 958630636 | www.hoteleshelios.com |* €€

VELILLA

Hostal beim östlich gelegenen Velilla-Strand, faire Preise, alle Zimmer mit eigenem Bad. *28 Zi. | Paseo de Velilla 20 | Tel. 958630758 | www.hostalvelilla.com |* €

AUSKUNFT

Palacete de la Najarra | Av. de Europa 12 | Tel. 958631125 | www.turismoalmunecar.es, www.almunecar.info

ZIELE IN DER UMGEBUNG

LA HERRADURA (131 E5) (*H5*)

Herradura heißt auf Spanisch „Hufeisen“: Der Name ist abgeleitet von der hufeisenförmigen Bucht, an die der 3000-Ew.-Ort stößt. Alles läuft auf den ca. 2 km langen Strand zu, der eine gute Alternative zu den Stränden im 8 km östlich gelegenen Almuñécar ist. Vom dunklen, steindurchsetzten Strand schaut man in die Hügelwelt im Hinterland. Trotz einiger

MARCO POLO HIGHLIGHTS

★ Peñón del Santo in Almuñécar
Ein Felsenthron mit Blick über die Küste von Almuñécar → S. 46

★ Albaicín in Granada
Unterwegs in Granadas stimmungsvollstem Stadtviertel mit grandiosen Blicken auf die Alhambra → S. 49

★ Alhambra in Granada
Traumpaläste und paradiesische Innenhöfe machen das „Rote Schloss“ zum Weltwunder → S. 50

★ Capilla Real in Granada
Die Grabkapelle der Katholischen Könige mit dem prächtigen Mausoleum aus Marmor → S. 52

★ Tapabars in Granada
In der Studentenstadt vibriert die Stimmung in den Bars mit den köstlichen Häppchen → S. 60

★ Salobreña
Das schönste weiße Dorf an der Costa Tropical → S. 48

★ Barrio de Cuevas in Guadix
Einzigartig in Spanien: Noch heute leben Tausende Menschen in Wohnhöhlen → S. 62

★ Sierra Nevada
Das höchste Gebirge der Iberischen Halbinsel wird im Winter zum Skirevier → S. 63

guter Restaurants wie dem *Chiringuito El Bambú (tgl. | Paseo Andrés Segovia | Tel. 958827227 | www.chiringuitoelbambu.com | €€)* hat La Herradura erfreulicherweise nicht den Charakter eines typischen international entdeckten Urlaubsorts; es sind vorwiegend spanische Familien, die hierherkommen.

MARINA DEL ESTE

(131 E5) *(H–J5)*

Einer der malerischsten Sporthäfen in Andalusien! Um den kleinen, von Felsen begrenzten Einschnitt des Hafenbeckens ca. 5 km südwestlich von Almuñécar geht es geruhsam zu; ein paar Restaurantterrassen bieten sich zur Einkehr an. In der Nähe liegt die *Playa Marina del Este,* ein 150 m breiter Kieselstrand.

INSIDER TIPP PLAYA DE CANTARRIJÁN

(131 D–E5) *(H5)*

Dieser offizielle Nacktbadestrand *(playa naturista)* ca. 12 km westlich von Almuñécar ist steinig und breitet sich etwa 300 m zwischen Felsen aus. In der Saison öffnet meist ein Strandrestaurant. Ansonsten genießt man die Abgeschiedenheit und die schönen Blicke auf die Klippen, die zum kleinen Naturschutzgebiet *Paraje Natural Acantilados de Maro-Cerro Gordo* gehören. Zum Strand führt ein ausgeschilderter 1,4-km-Abzweig von der N 340 Richtung Nerja, die sich hoch über der Küste erhebt und durch Panoramablicke auszeichnet. Auch für Nichtnackte ein nettes Strandziel!

SALOBREÑA ★

(131 E5) *(J5)*

Ein gigantischer Fels, hoch oben die Burg, ineinander verschachtelte Würfel aus weißen Häusern – so steigt Salobreña 15 km östlich von Almuñécar aus der Küstenebene. Gassen führen steil hinauf ins Oberdorf, wo sich die Aussichtspromenade *Paseo de las Flores* um den Kastellhügel zieht – der Ausblick auf die Sierra Nevada ist phantastisch. Gute, authentische Küche bekommen Sie hier im *Restaurante Pesetas (Mo geschl. | C/ Bóveda 11 | Tel. 958610182 | www.restaurante-pesetas.es | €–€€).*

Etwas außerhalb Richtung Almuñécar liegt das *Best Western Hotel Salobreña (191 Zi. | N 340 km 323 | Tel. 958610261 | www.bestwesternhotelsalobrena.com | €).* Der auf den ersten Blick uncharmant wirkende Kasten zeichnet sich durch ein bemerkenswertes Preis-Leistungs-Verhältnis und einen großen Pool aus. Wer es etwas einfacher mag, quartiert sich in dem mit Cafeteria ausgestatteten *Hostal Palomares (18 Zi. und 2 Apartments | C/ Fábrica Nueva 44 | Tel. 958610181 | www.hostalpalomares.com | €)* ein. Nett und exklusiv ist die *Casa de los Bates (5 Zi. | N 340 km 329,5 | Tel. 958349495 | www.casadelosbates.com | €€)* aus dem 19. Jh. 3 km außerhalb Richtung Motril.

GRANADA

KARTE IM HINTEREN UMSCHLAG

(131 E3) *(J4)* **Granada, im Dialekt der Andalusier kurz Graná, ist eine der attraktivsten Städte Spaniens. Eine Stadt, die Leben und Geschichte auf Schritt und Tritt atmet, eine Stadt der Studenten, Plätze, Promenaden, Tavernen, lauschigen Winkel.**

Am Fuß der Sierra Nevada auf etwa 700 m Höhe gelegen, läuft die Provinzmetropole (270 000 Ew.) in einer weiten Hochebene aus, der Vega de Granada. Die Dynastie der Nasriden machte Granada im 13. Jh. zum Herz ihres Reichs, zu einem Stück Morgenland im Abendland, zur letzten Bastion der Mauren auf der Iberischen Halbinsel. Den Katholischen Königen Isabella und Ferdinand fiel 1492 der Ruhm der Eroberung zu; allerdings

Eine maurische Festung thront über dem alten Kern von Salobreña, dem Badeort der Granadiner

gab Sultan Boabdil seine Alhambra, das „Rote Schloss", friedlich aus der Hand.

Autofahrer sollten die Innenstadt weitläufig meiden – in Teilen der City herrscht ein videoüberwachtes Durchfahrtsverbot für den Individualverkehr, was für Auswärtige nicht immer eindeutig erkennbar ist. Dazu kommt der Mangel an Parkplätzen, viele Hotels haben keine eigene Garage. Entspannte Alternative zu einem überteuerten Parkhaus ist es, den Wagen etwas außerhalb abzustellen und ein Taxi in die Stadt zu nehmen. Dort kann man sich gut zu Fuß oder in Bussen (Übersichtsplan unter *www.transportesrober.com*) fortbewegen. Wem der Aufstieg in die Viertel Albaicín und Sacromonte zu beschwerlich ist, steigt in einen der öffentlichen Minibusse (Linie C2). Zur Alhambra gehen Sie zu Fuß von der Plaza Nueva über die Cuesta de Gomérez hinauf oder nehmen einen Minibus der Linien C3 und C4. Autos gelangen über eine weite, ausgeschilderte Anfahrtschleife zum Großparkplatz an der Alhambra.

SEHENSWERTES

ALBAICÍN ★ (U D–E2) (*🕮 d–e2*)

Enge Gassen, steil an den Hang gesetzt, kalkweiße Häuser mit Dachterrassen, winzige Plätze, dazu Zypressen, Palmen, Pflanzenkübel, Bougainvilleen, Kabelstränge und bunte Kacheln an den Fassaden, zuweilen blätternder Putz: All das ist der Albaicín (auch: Albayzín), der einst von Tausenden Muslimen bewohnt war.

CITY **WOHIN ZUERST?**

Auf das Flair der Stadt stimmen Sie sich am besten um die **Plaza Bib-Rambla (U C4)** (*🕮 c4*) ein und lassen sich im Anschluss durch die geschäftige Alcaicería treiben. Von dort ist es nicht weit zur Kathedrale und zur Capilla Real. Der Busbahnhof liegt weit außerhalb an der Carretera de Jaén. Von dort fahren die Busse 3 und 10 in die City.

Treppauf, treppab geht es im Albaicín durch kachel- und blumengeschmückte Gassen

In der verkehrsfreien Gasse *Caldererá Nueva* kultivieren Teestuben *(teterías)* das arabische Flair, weiter aufwärts im Gassengewirr des Viertels wartet als Höhepunkt der *Mirador de San Nicolás* mit Traumblick auf die Alhambra. Nahebei verrät die moderne Moschee *Mezquita Mayor (www.mezquitadegranada.com)* INSIDER TIPP (Gärten und Aussichtspunkt zugänglich), dass die Muslime 1492 nicht auf ewig vertrieben wurden – heute leben wieder mehrere Tausend in Granada. Ein weiterer Aussichtspunkt, der *Mirador de San Cristóbal,* liegt am äußersten Nordrand des Albaicín bei der Nationalstraße nach Murcia.

ALHAMBRA ★

(U D–E 3–4) *(d–e 3–4)*

Von außen abschreckend wehrhaft, im Innern ein irdisches Paradies – der Alhambra, wegen ihrer rötlich-braunen Mauern „Rotes Schloss" genannt, lag ein geniales Konzept zugrunde. Die Baumeister sollten den im 13./14. Jh. erbauten Palastbezirk der Nasridenherrscher mit einem Mantel aus wuchtigen, zinnenbewehrten Mauern schützen und tarnen. Dieser Palastbezirk, die *Palacios Nazaríes,* ist Herz und Höhepunkt der Alhambra, die sich hoch über dem Flusseinschnitt des Darro über ein ausgedehntes Hügelplateau erstreckt.

Außer dem Palastbezirk gibt es drei weitere Bereiche: die Vorburg *Alcazaba,* die Sommerresidenz *Generalife* und den *Palacio de Carlos V* (s. separater Eintrag), ein Renaissancepalais, das zum Zeichen des Triumphs über den Islam im 16. Jh. seinen Platz auf dem Alhambrahügel fand. Für seinen Bau mussten – ebenso wie für die benachbarte Kirche Santa María – Teile der Alhambra weichen, zum Glück weniger bedeutsame. Auf der Alcazaba befanden sich die Wohnhäuser der Wachleute, Silos und Stallungen; der Turmaufstieg auf die *Torre de la Vela* wird mit einem grandiosen Stadtpanorama belohnt.

Schmuckbänder aus Keramik, filigrane Bögen und Säulenwälder und reiche

Stuckornamente (bildliche Darstellungen verbietet der Islam) säumen den Gang durch die Palacios Nazaríes. Der Zutritt in den Palastbereich führt durch den einstigen Gerichtssaal *Mexuar,* der von den Katholischen Königen in eine Kapelle verwandelt wurde, bevor sich ein erster Innenhof mit reichen Stuckornamenten öffnet: der *Patio del Cuarto Dorado.* Ein Winkelgang bringt Sie weiter in den Myrtenhof, den *Patio de los Arrayanes,* in dem sich Myrtenhecken um das lange Bassin ziehen, in dem sich der *Comares-Turm* wie ein Traumbild spiegelt. Im angrenzenden Botschaftersaal *Salón de Embajadores,* der von einer Intarsienkuppel aus 8017 Zedernholzstückchen überspannt wird, empfing der Nasridenfürst auswärtige Diplomaten; es ist der größte Saal in der Alhambra.

Ein Durchgang leitet vom Myrten- in den Löwenhof *Patio de los Leones* mit seinem von zwölf marmornen Löwen getragenen Brunnenbecken und Galerien aus 124 fi-

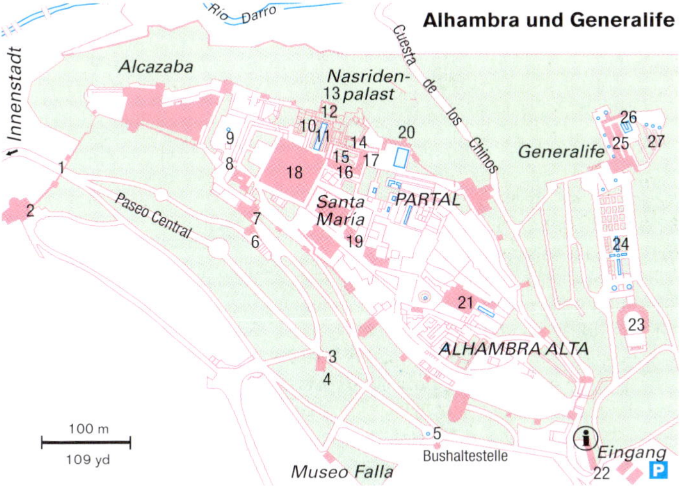

1 Puerta de las Granadas (Granatapfeltor)
2 Torres Bermejas (Rote Türme)
3 Fuente del Tomate (Tomatenbrunnen)
4 Monumento a Ganivet (Denkmal für den Granadiner Schriftsteller)
5 Fuente del Pimiento (Paprikabrunnen)
6 Pilar de Carlos V (Säule Karls V.)
7 Puerta de la Justicia (Tor der Gerechtigkeit)
8 Puerto del Vino (Weintor)
9 Plaza de los Aljibes (Platz der Zisternen)
10 Mexuar (ehem. Audienzsaal)
11 Patio de los Arrayanes (Myrtenhof)
12 Salón de Embajadores (Saal der Botschafter)
13 Torre de Comares
14 Sala de las Dos Hermanas (Saal der beiden Schwestern)
15 Patio de los Leones (Löwenhof)
16 Sala de los Abencerrajes (Saal der Abencerrajen)
17 Sala de los Reyes (Saal der Könige)
18 Palacio de Carlos V (Palast Karls V.)
19 Baños (Bäder)
20 Torre de las Damas
21 Parador de San Francisco
22 Eingang zur Alhambra und zum Generalife
23 Theater
24 Jardines nuevos (Neue Gärten)
25 Patio de la Acequia (Wasserbeckenhof)
26 Patio de la Sultana (Hof der Sultanin)
27 Jardines altos (Obere Gärten)

ligranen Marmorsäulen. Ab dort zweigen Zugänge in die *Sala de los Abencerrajes* und die *Sala de las Dos Hermanas* ab, beide mit herrlichen Stalaktitenkuppeln aus Stuck; einst lag hier der Zutritt zu den Haremsgemächern. Heizen ließen sich die Räumlichkeiten übrigens mit Holzkohlebecken und eine Besonderheit waren Holzjalousien, die von einer Seite den Blick hindurch erlaubten, ohne selber gesehen zu werden.

Zum Palastkomplex gehörten außerdem Bäder und Gärten und immer wieder öffnen sich Traumblicke auf den Albaicín. Der oberhalb gelegene *Generalife,* der Sommersitz der Nasriden, ist von Parkanlagen mit Wasserspielen und sorgsam beschnittenen Hecken durchsetzt, die im *Patio de la Acequia* auf einen Palast zulaufen. Verschlungene Wege wechseln sich in den Gärten mit breiten Promenaden ab, Brunnen und winzige Kanäle verfehlten schon unter den Mauren ihre beruhigende Wirkung nicht.

Ein Besuch der Alhambra setzt Planung voraus, vor allem in der Sommersaison. Es gibt zwar einen Direktverkauf für denselben Tag an der Alhambrakasse, doch da der Zugang begrenzt ist und man daher Gefahr liefe, nicht hineinzukommen, empfiehlt sich dringend eine frühzeitige Reservierung. Dies geht am besten über die Website *www.alhambra-patronato.es.* Für den Vorverkauf brauchen Sie eine Kreditkarte; pro Person dürfen maximal zehn Tickets bestellt werden. Die Besuchszeiten sind strikt vorgegeben – bei Spätankömmlingen gibt es keine Ausnahme! Zu beachten ist, dass es verschiedene Tickettypen gibt. Die wichtigsten sind der Palastbereich der Alhambra *(14 Euro)* sowie die Kombination aus Alcazaba und Generalife-Gärten *(7 Euro).* Eine interessante Option ist ein Spätabendbesuch *(visita nocturna). Mitte März–Mitte Okt. tgl. 8.30–20, Di–Sa auch 22–23.30, Mitte Okt.–Mitte März. tgl. 8.30–18, Fr/Sa auch 20–21.30 Uhr*

EL BAÑUELO (U D3) *(🗺 d3)*

Ein unscheinbarer Eingang mündet in die arabischen Bäder aus dem 11. Jh., von denen es im Granada des Mittelalters 21 gab. Den Mauren dienten die Thermen nicht nur zur Reinigung, sondern auch als soziale Treffpunkte und zur Entspannung von Geist und Körper. Ein kleiner Innenhof gibt den Weg frei in die einstigen Schwitz- und Ruheräume mit ihren Ziegelstrukturen, Hufeisenbögen und sternförmigen Lichteinlässen. *Di–Sa 10–14 Uhr | Carrera del Darro 31*

CAPILLA REAL ★ ● (U C3) *(🗺 c3)*

Inmitten des spätgotischen Prunks der an die Kathedrale angebauten Königskapelle liegt Spaniens berühmtestes Monarchenpaar begraben: Isabella von Kastilien (1451–1504) und Ferdinand von Aragón (1452–1516), die „Katholischen Könige". Unter ihrer Herrschaft begann durch den Fall des maurischen Granada und Kolumbus' gleichzeitige Entdeckung Amerikas eine neue Zeitrechnung in ganz Europa. Der Italiener Domenico Fancelli schuf das Mausoleum mit den Marmorfiguren des Königspaars. In der Kapelle haben ferner die kastilische Thronerbin Johanna die Wahnsinnige (1479–1555) und ihr Mann Philipp der Schöne (1478–1506) sowie ein Enkel Isabellas und Ferdinands ihre letzte Ruhe gefunden. Ein Treppenabgang erlaubt den Blick in die schlicht gehaltene Krypta mit den fünf Bleisärgen. Prunkstücke im angeschlossenen Museum sind Ferdinands Schwert sowie Krone und Zepter von Isabella. *Frühling/Sommer Mo–Sa 10.15–13.30 und 16–19.30, So 11–13.30 und 14.30–18.30, Herbst/Winter Mo–Sa 10.15–13.30 und 15.30–18.30, So 11–13.30 und 14.30–17.30 Uhr | C/ Oficios 3 | www.capillarealgranada.com*

Eine Oase der Ruhe, ein kühles, grünes Idyll: die maurischen Gärten des Generalife

CARMEN DE LOS MÁRTIRES (U E5) (*e5*)

Zu einer kurzen Pause lädt dieser Park am Paseo de los Mártires ein. In der Nähe des weißen Landsitzes aus dem 19. Jh. schreien Pfauen und sprudelt Wasser in das Bassin mit Wasserspielen. *Mitte März–Mitte Okt. Mo–Fr 10–14 und 18–20, Sa/So 10–20, Mitte Okt.–Mitte März Mo–Fr 10–14 und 16–18, Sa/So 10–18 Uhr*

CASA DE LOS PISA (U D3) (*d3*)

Die sehenswerte Casa de los Pisa ist ein besonders schöner, seit dem 16. Jh. sehr gut erhaltener Renaissancepalast, der dazugehörige INSIDER TIPP historische Innenhof einer der schönsten. Der Palast ist als Museum zum Gedenken an den hl. Juan de Dios (1495–1550) eingerichtet. Sein letzter Lebensabschnitt in Granada stand im Zeichen des Diensts an den Bedürftigsten: Er gründete ein Armenspital, pflegte Gelähmte und Kranke. *Mo–Sa 10–14 Uhr | C/ Convalecencia 1 | www.museosanjuandedios.es*

INSIDER TIPP CASA-MUSEO FEDERICO GARCÍA LORCA (HUERTA DE SAN VICENTE) (U A5) (*a5*)

Einst fern der Stadt gelegen, dringt heute das Rauschen der Umgehungsstraße bis an das vormalige Landgut. Das kalkweiße Anwesen diente der Familie von Federico García Lorca von 1926 bis 1936 als Sommersitz; hier fand Andalusiens bedeutendster Dramatiker Zeit zur Arbeit an neuen Werken. Die Führungen dauern etwa 30 Minuten und leiten in den Salon, die Küche und das Klavierzimmer, das ein Gemälde von Lorcas Freund Salvador Dalí ziert. Im Obergeschoss stehen Bett und Schreibtisch in Federicos Zimmer, weitere Räume werden für wechselnde Ausstellungen zum Leben und Schaffen des Dichters genutzt. Um die Huerta de San Vicente breitet sich der gefällig angelegte Parque García Lorca aus. Mittwochs ist der Eintritt ins Museum frei! *Di–So 9.15–14.15, April–Mitte Juni und 2. Sept.-Hälfte zusätzlich 17–20, Okt.–März zusätzlich 16–19 Uhr | C/ Virgen Blanca | www.huertadesanvicente.com*

Glaubensgigantismus: Granadas Kathedrale beeindruckt mit ihren gewaltigen Dimensionen

INSIDER TIPP CASA-MUSEO MANUEL DE FALLA (U E4) (*e4*)

Manuel de Falla (1876–1946) gilt als einer der größten Komponisten Spaniens. Von 1922 bis 1939, dem Jahr seiner Emigration nach Argentinien, wohnte er in dieser *carmen*, einer typisch granadinischen Villa mit blau gestrichenen Fensterläden. Hoch über der Ebene und den Häusern genoss er „das schönste Panorama der Welt", so seine euphorischen Worte. Der Minisalon war Treffpunkt von Künstlerkollegen. Der Maler Ignacio Zuloaga kam gerne, Federico García Lorca, der spätere Literaturnobelpreisträger Juan Ramón Jiménez. Rundgänge führen durch das verwinkelte Innere in die Küche, in sein Studio mit dem Klavier sowie in die Schlafzimmer Fallas und seiner Schwester. Aus Fallas Besitz sind viele Stücke erhalten, darunter Krawatten und Hüte. *Juli/Aug. Mi–So 9–14, Sept.–Juni Di–Fr 9–14.30 und 15.30–19, Sa/So 10–14.30 Uhr | C/ Antequeruela Alta 11 | www.museomanueldefalla.com*

CATEDRAL (U C3) (*🕮 c3*)
Granadas über 100 m lange Kathedrale ist ein Beispiel für übertriebenen Glaubensgigantismus. Zunächst von Enrique Egas begonnen, dann unter Diego de Siloé ab etwa 1530 im Stil der Renaissance weitergeführt, zogen sich die Arbeiten bis 1704 hin. Der Turm ist unvollendet geblieben, die Hauptfassade barock. Im Innern fühlt man sich unter mächtigen Bündelpfeilern, Orgelemporen und Großgemälden des Granadiners Alonso Cano (1601–1667) fast ein wenig verloren. *Mo–Sa 10.45–13.15 und 16–18.45 (Sommer bis 19.45), So 14–18.45 (Sommer bis 19.45) Uhr | Gran Vía de Colón 5*

CENTRO FEDERICO GARCÍA LORCA
(U B–C3) (*🕮 b–c3*)
Das Zentrum beherbergt das Archiv der Lorca-Stiftung und dient der Erhaltung und Pflege des Werks des andalusischen Dichters und Dramatikers. *Di–Sa 11–14 und 18–21 (Winter 17–20), So 11–14 Uhr | Plaza de la Romanilla | www.centrofedericogarcialorca.es*

CORRAL DEL CARBÓN (U C4) (*🕮 c4*)
In dem maurischen Gebäude aus dem 14. Jh. übernachteten früher die Kohlenhändler. Heute ist dort ein Kulturzentrum unter freiem Himmel untergebracht. Auf dem Programm stehen Konzerte, Theater, Tanzkurse und im Sommer das legendäre Flamencofestival Los Veranos del Corral. Dort treten die besten Sänger, Gitarristen und Tänzer der Stadt auf. *C/ Mariana Pineda*

MONASTERIO DE LA CARTUJA
(0) (*🕮 0*)
Etwas außerhalb der Innenstadt liegt das 1506 gegründete Kartäuserkloster, dessen Besuch wegen der Kirche und der Sakristei in überschwänglichem Barock lohnt. *April–Okt. tgl. 10–13 und 16–20, Nov.–März 10–13 und 15–18 Uhr | Paseo de la Cartuja*

MONASTERIO DE SAN JERÓNIMO
(U B2–3) (*🕮 b2–3*)
Nach dem Fall des islamischen Granada und unterstützt vom christlichen Königshaus, dauerte es nicht lange, bis die Ordensgemeinschaften anrückten. So auch die Hieronymiten, auf die diese 1504–1563 erbaute Klosteranlage zurückgeht. Heute lebt hier eine winzige Gemeinschaft des weiblichen Ordenszweigs. Höhepunkte eines Rundgangs sind der doppelstöckige Kreuzgang mit Orangenbäumchen und schönem Blick auf den Glockenturm und das überkuppelte Kircheninnere mit einem Hochaltar, wie Sie

LOW BUDG€T

Online vorbestellbar über *www.granadatur.com* und in Granadas städtischem Touristenbüro an der Plaza del Carmen erhältlich ist das Cityticket *Granada Card.* Zwei Modelle („Basic"/drei Tage gültig und „Plus"/fünf Tage) für 33,50 bzw. 37,50 Euro stehen zur Wahl. Beide Varianten schließen u. a. den Eintritt in Alhambra und Kathedrale ein sowie fünf bzw. neun Freifahrten in den öffentlichen Bussen.

Der Eintritt ist frei im Unterbereich des Palacio de Carlos V in Granada. Er beherbergt das ● *Museo de la Alhambra (Di und So 8.30–14.30, Mi–Sa 8.30–18, Mitte März–Mitte Okt. bis 20 Uhr).* Das Museum zeigt die hispanomaurische Kunst des Mittelalters mit Keramik, Stuck- und Einlegearbeiten.

ihn in einer solchen INSIDER TIPP Farbpracht aus Relief- und Figurennischen selten zu sehen bekommen. *April–Okt. tgl. 10–13.30 und 16–19.30, Nov.–März 10–13.30 und 15–18.30 Uhr | C/ Compás de San Jerónimo 9*

MUSEO CAJA GRANADA (0) (*🕮 0*)
Interessant in dem Multifunktionsblock ist in erster Linie die Kunstabteilung mit Werken u. a. von Pablo Picasso, José Guerrero und Santiago Rusiñol. Hier finden auch INSIDER TIPP Kulturveranstaltungen wie Theater, Kino und Konzerte statt. *Sept.–Juni Di–Sa 9.30–14, Do–Sa auch 16–19, So 11–15, Juli Mo–Sa 9–15, So 11–15 Uhr | Av. de la Ciencia 2 | www.memoriadeandalucia.com*

PALACIO DE CARLOS V (U E3) (*🕮 e3*)
Im Grundriss quadratisch, im Innern ein offener, runder Hof mit einem Durchmesser von 30 m – die Struktur des Palasts ist ungewöhnlich und mit ihren zwei der ursprünglich geplanten drei Ebenen unvollendet geblieben. Heute ist im Unterbereich das *Alhambra-Museum* (s. S. 55) untergebracht, oben das *Museum der Schönen Künste (Museo de Bellas Artes | Mitte Juni–Mitte Sept. Di–Sa 9–15.30, Mitte März–Mitte Juni und Mitte Sept.–Mitte Okt. 9–20.30, Mitte Okt.–Mitte März 9–18, So ganzjährig 9–15.30 Uhr | www.museosdeandalucia.es)*. Zu den Höhepunkten zählen historische Ansichten der Alhambra sowie Werke der Granadiner Maler Alonso Cano (1601–1667) und Manuel Gómez Moreno (1870–1970). Der frei zugängliche, säulenumzogene Palasthof verströmt im Sommer angenehme Kühle.

PARQUE DE LAS CIENCIAS (0) (*🕮 0*)
Alles Wissenswerte zum interaktiven Wissenschaftsmuseum finden Sie im Kapitel „Mit Kindern unterwegs".

PASEO DE LOS TRISTES ☀
(U E3) (*🕮 e3*)
Am Ende der Carrera del Darro, zwischen dem Albaicín und der Flusssenke des Río Darro, zieht sich diese Promenade hin. Restaurantterrassen und Ruhebänkchen laden ein, den Traumblick hinauf zur Breitseite der Alhambra zu genießen, vor allem bei Dunkelheit, wenn das angestrahlte „Rote Schloss" in erhabener Ruhe daliegt. Ein Platz für Romantiker.

PLAZA BIB-RAMBLA ● (U C4) (*🕮 c4*)
Dieser Platz ist dank seiner zentralen Lage und der geschäftigen Gassen wie der Calle Zacatín, die in ihn münden, der Treffpunkt schlechthin in der Altstadt. In der Mitte des Platzrechtecks plätschert der Neptunbrunnen, rundherum finden Sie Cafés und Restaurants. Zwei weitere Traditionsplätze liegen in der Nähe: Die *Plaza de la Romanilla* mit dem neuen Kulturzentrum Federico García Lorca bietet einen guten Blick auf den Kathedralturm. Um die baumbestandene *Plaza de la Trinidad* konzentrieren sich viele stark frequentierte Tapabars.

PLAZA NUEVA (U C3) (*🕮 c3*)
Drehkreuz, Einstiegspunkt in den Albaicín und hinauf zur Alhambra, Ausgehzone am Abend – die Plaza Nueva ist alles in einem. Begrenzt wird der Platz von der Renaissancefront des einstigen Königlichen Gerichtshofs *Real Chancillería* und geht in die *Plaza de Santa Ana* über, vor der Granadas kleinerer Fluss, der Río Darro, in einem unterirdischen Kanal verschwindet. Auf dem Grund der Kirche *Santa Ana* stand zu Zeiten der Mauren eine Moschee.

PLAZA DE LA UNIVERSIDAD
(U B3) (*🕮 b3*)
Der Lärmpegel der Studenten gehört zu dem pulsierenden Platz vor der Juristi-

Unverkennbare Renaissance: die symmetrische Fassade der Real Chancillería an der Plaza Nueva

schen Fakultät wie die Kirche Santos Justo y Pastor. Die Plaza verschmilzt mit der *Plaza de la Encarnación,* die sich ideal für eine Rast in einem der Cafés eignet.

SACROMONTE (U F2) (*f2*)

Wohnhöhlen mit weiß getünchten Zugängen, Flamenco und *gitanos,* die „Zigeuner", haben Granadas entlegenes altes Stadtviertel Sacromonte bekannt gemacht. Die ersten *gitanos,* so sagt man, kamen als Metallhandwerker mit den Truppen der Katholischen Könige nach Granada. Der Sacromonte ist ein Stück Land am Rand der Stadt, hoch über dem Flusstal des Darro, mit Gärten, Seitenblicken auf die Alhambra, Resten des Stadtmauergürtels und einem Wildwuchs an Agaven und Feigenkakteen. Wäsche trocknet vor den Häusern, nicht überall sieht es gepflegt aus. Düstere Ecken sind nachts unbedingt zu meiden. Tagsüber führt der Weg abseits von Granadas Hauptbesucherpfaden hinauf zum INSIDER TIPP *Museo Cuevas del Sacromonte (tgl. 10–18, Mitte März–Mitte Okt. bis 20 Uhr | Barranco de los Negros | www.sacromontegranada.com).* Dieses volkskundliche Museum veranschaulicht in einer Reihe von nebeneinander liegenden Höhlen das traditionelle Leben in diesen. Geschlafen wurde stets im hinteren Teil, gekocht ganz vorne. Außerdem gab es Werkzeug- und Nahrungslager und Höhlenstallungen für Esel und Maultiere. Der Besuch lässt sich gut mit einem Drink auf der Terrasse der Museumsbar beschließen.

Ein Stück oberhalb des Viertels liegt die *Abadía del Sacromonte (Di–So 11–13 und 16–18, Mai–Okt. 17–19.30 Uhr | Camino del Sacromonte)* in der Bergeinsamkeit, eine Abtei aus dem 17. Jh., die kleine Kunstschätze und in der Tiefe INSIDER TIPP Katakomben aus römischer Zeit bewahrt.

ESSEN & TRINKEN

Granada ist ein wahres Paradies für Liebhaber von Tapabars (siehe „Am Abend").

ALACENA DE LAS MONJAS (U C4) (*c4*)

Gepflegte Küche mit sorgsam zubereiteten Fleischgerichten und pfiffigen Ideen, darunter als Vorspeise Auberginen mit Honig *(berenjenas a la miel). So-Abend und Mo geschl. | Plaza del Padre Suárez 5 | Tel. 958229519 | alacenadelasmonjas.com* | €€€

TETERÍA AS-SIRAT (U C3) (*c3*)

Marokkanischer Minztee aus silbernen Kannen, alkoholfreie Cocktails und Joghurtshakes sind die Stars in dieser Teestube, die zu den ältesten Granadas gehört. *Tgl. | C/ Caldererría Nueva 13*

INSIDER TIPP BOTÁNICO (U B3) (*b3*)

In dem kleinen Lokal gegenüber vom Botanischen Garten wird nach dem Motto „Das Auge isst mit" gekocht. Dementsprechend sind die Speisen angerichtet – jede ist ein Kunstwerk für sich. *Tgl. | C/ Málaga 3 | Tel. 958271598 | www.botanicocafe.es* | €€

CARMEN DE SAN MIGUEL (U D4) (*d4*)

Innovative Akzente setzt dieses Restaurant, das etwas versteckt bei den Stadtmauertürmen Bermejas liegt. Gute Weinkarte, schöne Aussichtsterrasse. Für Preisbewusste gibt es eine separate Tapazone inklusive eines INSIDER TIPP Tapamenüs. *So-Abend geschl. | Plaza Torres Bermejas 3 | Tel. 958226723 | www.carmensanmiguel.com* | €€€

LAS TITAS (U D5) (*d5*)

Restaurant- und Cafépavillon mit INSIDER TIPP angenehmer Terrasse etwas abseits der Hauptpfade in den Gärten nahe der Flusspromenade am Río Genil. Günstiges Mittagsmenü. *Tgl. | Paseo de la Bomba | Tel. 958120019* | €

VIA COLÓN (U C3) (*c3*)

Wer ein Plätzchen mit Terrasse mitten im Altstadtgeschehen sucht, ist hier gleich neben der Kathedrale genau richtig. Auf der Speisekarte eine breite Auswahl, zu den Spezialitäten zählen Saubohnen *(habas)* mit Serranoschinken und Ei. *Tgl. | Gran Vía de Colón 13 | Tel. 958220752* | €–€€

EINKAUFEN

ALCAICERÍA (U C3–4) (*c3–4*)

Die nahe der Kathedrale gelegene Alcaicería war der einstige Großbasar der Mauren. In den Geschäftsschneisen lebt der Trubel heute fort, mitunter herrscht drangvolle Enge. Viele kleine Läden sind mit Lederwaren, Fächern, Sitzkissen, Taschen, Tüchern, Modeschmuck und Heiligenfigürchen vollgestopft.

CÁLLATE LA BOCA (U C3–4) (*c3–4*)

Hier finden Sie T-Shirts, Taschen, Poster und Notizbücher des Kultlabels der beiden Designer aus dem baskischen San Sebastián. *C/ Reyes Católicos 47 | www.callatelaboca.com*

GITARRENBAUER

Es gibt verschiedene Traditionsbetriebe und -läden, darunter die *Guitarrería Gil de Avalle* (U D4) (*d4*) *(https://gildeavalle.wordpress.com)* an der *Plaza de Realejo 15.*

KERAMIK

Die Fertigung von (Gebrauchs-)Keramik hat in Granada eine besondere Tradition; charakteristisch sind Blau- und Grüntöne. Eine gute Auswahl finden Sie u. a. bei

Cerámica San Isidro (U B1) (*🕮 b1*) an der *Plaza de San Isidro 5.*

MODE

Mehrere recht günstige Modeläden reihen sich – ebenso wie Schuhgeschäfte – in der *Calle Recogidas* (U A–B 4–5) (*🕮 a–b 4–5*) auf, beginnend am Platz Puerta Real. Gehobenere Boutiquen und Schuhgeschäfte konzentrieren sich im Altstadtkern in der Fußgängerzone um die *Calle Mesones* (U B4) (*🕮 b4*) und die *Calle Zacatín* (U C4) (*🕮 c4*).

SÜSSWAREN AUS DEM KLOSTER

Im *Convento de San Bernardo* (U D3) (*🕮 d3*) *(C/ Gloria 2)* verkauft die kleine Gemeinschaft der Zisterzienserinnen Anis- und Mandelgebäck aus ihrem Kloster. Fleißig sind die Ordensschwestern im *Monasterio de San Jerónimo* (U B2–3) (*🕮 b2–3*) *(C/ Compás de San Jerónimo 9)*, wie der Verkaufsraum zeigt. Dort gibt es selbst gemachte Kekse und Marmeladen aus Zitronen und Orangen.

WELLNESS

In Granada greifen mehrere ● arabische Bäder *(baños árabes)* die alten Traditionen der Mauren auf und laden zur Entspannung in der City ein. Dazu zählen *Hammam Al-Andalus* (U D3) (*🕮 d3*) *(granada.hammamalandalus.com)* in der *C/ Santa Ana 16* und die *Baños de Elvira* (U C3) (*🕮 c3*) *(www.banosdeelvira.es)* in der *C/ Arteaga 3.*

AM ABEND

BOOGA CLUB (U B1–2) (*🕮 b1–2*)

Treffpunkt der Studenten und der jungen Feierwütigen der Stadt. Besonders angesagt sind die Jamsessions am Sonntag. *Tgl. | C/ Santa Bárbara 3 | www.boogaclub.com*

BAR DE ERIC (U B3) (*🕮 b3*)

In seiner Bar tauscht Spaniens bekanntester Schlagzeuger Eric Jiménez den Trommelstock gegen den Kochlöffel. Mit den erfolgreichen Bands Los Evangelistas und Los Planetas ging er auf Tournee. An den Wänden hängen Erinnerungen an diese Zeit: Konzertfotos, Lederjacken und Eintrittskarten. Nach Konzerten kehren hier oft Musiker ein. *C/ Escuelas 8*

FLAMENCO

Granada gilt in diesem Teil Andalusiens als beste Adresse für Flamenco. Im Viertel Sacromonte gibt es mehrere Lokale, die in ihren „Zigeunerhöhlen" Shows anbieten, die als Mix aus Tradition und Tou-

Im Viertel Sacromonte finden Sie Granadas Flamencolokale

ristenspektakel daherkommen. Der Eintrittspreis *(Richtwert 20–30 Euro, Reservierung in der Hochsaison dringend empfohlen)* schließt meist einen Drink ein. Teurer sind Arrangements mit Abendessen und Transport. Langjährig bekannte Adressen sind die *Cuevas Los Tarantos (Camino de Sacromonte 9 | Tel. 958224525 | www.cuevaslostarantos.com)* und die *Cueva Venta El Gallo (Barranco de los Negros 5 | Tel. 958228476 | ventaelgallo.com)*.

MAE WEST (U A5) (*a5*)
Großdisco im Shoppingcenter Neptuno. Viele Einheimische, verschiedene Liveacts. *Tgl. | C/ Neptuno 6 | www.ibribones.com*

TAPABARS ★ ●
Die Häppchen kommen hier noch umsonst zum Getränk. Richtpreise: im Schnitt 2 Euro, bei besseren Tropfen 3 Euro für Wein inklusive Tapa. Besonders viele stilvolle Tapabars konzentrieren sich um die *Plaza Nueva* (U C3) (*c3*), vor allem in der *Calle de Elvira* mit Traditionstreffs wie der *Antigua Bodega Castañeda* und der *Taberna Salinas* (viele Studenten). Eine weitere schöne Tapabarzone dehnt sich in der *Calle Navas* (U C4) (*c4*) aus, wo *La Chicotá* und *Las Copas* bei den Einheimischen einen guten Ruf genießen. Eine unter Auswärtigen weniger bekannte Zone mit mehreren netten Treffpunkten ist die INSIDER TIPP *Plaza Campo del Príncipe.*

INSIDER TIPP SALA VIMAAMBI
(U D3) (*d3*)
Kleines Kulturzentrum mit Kino und Konzerten. In der Atmosphäre eines Studiotheaters steht Fr/Sa abends die Show „Raíz y Duende" mit einem etwas anderen, nicht folkloristisch verzerrten Flamenco an. Da eine Künstlerwerkstatt hinter der Einrichtung steht, treten hier junge Tanz- und Musiktalente auf. *Cuesta de San Gregorio 30 | Tel. 958227334 | www.vimaambi.com*

So heute nicht mehr möglich – auch in spanischen Bars gilt längst: *¡No fumar!*

ÜBERNACHTEN

HOTEL ALHAMBRA PALACE

(U E4) *(e4)*

Luxusadresse im neomaurischen Stil eines gigantischen Palasts unterhalb des Alhambraplateaus. Traumblicke über die Stadt. *126 Zi. | Plaza Arquitecto García de Paredes 1 | Tel. 958221468 | www.h-alhambrapalace.es* | €€€

LA ALMUNIA DEL VALLE

(131 E4) *(J4)*

Wer sich bereits auf einen Besuch der Sierra Nevada einstimmen möchte, ist in diesem eleganten Boutiquehotel in einem alten Landhaus im 12 km südwestlich von Granada gelegenen Monachil bestens aufgehoben. Bei einem Spaziergang durch die Terrassengärten genießen Sie einen einzigartigen Panoramablick auf den 3482 m hohen Mulhacén. Die Zimmer sind mit antiken Wandteppichen dekoriert, im Restaurant erwartet Sie eine exzellente Küche. *15 Zi. | Camino de la Umbría | Tel. 958308010 | www.laalmuniadelvalle.com* | €€

INSIDER TIPP GAR-ANAT (U C4) *(c4)*

Boutiquehotel in einem Stadtpalais aus dem 17. Jh. im historischen Judenviertel Realejo. Die komfortablen Zimmer gehen vom Innenhof mit dem „Baum der Wünsche" ab, an den man seinen persönlichen Wunschzettel stecken kann. Das gute Frühstücksbuffet wird im Untergeschoss serviert; im Preis inklusive ist auch das Gebäck zur Teezeit. Verschiedene Zimmerkategorien, freundlicher Service. Wählen Sie ein Zimmer nach hinten! *15 Zi. | Placeta de los Peregrinos 1 | Tel. 958225528 | hotelgaranat.com* | €€

EL LADRÓN DE AGUA (U D3) *(d3)*

Kleines, freundliches Hotel mit Flair am Rand des Albaicínhügels (für Autofahrer ungeeignet!). Verschiedene Zimmerkategorien und moderne Design- und Kunstnoten in einem Bau aus dem 16. Jh. Beim Eintritt in den überdachten Innenhof mit seinen Holzbalustraden fühlt man sich sofort willkommen. *15 Zi. | Carrera del Darro 13 | Tel. 958215040 | www.ladrondeagua.com* | €€–€€€

LANDAZURI (U D3) *(d3)*

Gute Preise und die privilegierte Lage zwischen Plaza Nueva und dem Aufstieg zur Alhambra machen diese Pension für Low-Budget-Traveller interessant. Wahlweise Privat- oder Gemeinschaftsbäder. Von derselben Familie geführt wird auch die benachbarte *Pensión Alfin (Cuesta de Gomérez 31 | Tel. 958228172 | www.pensionalfin.com | €)* – vier angenehme Zimmer zu erstaunlich günstigem Preis. *17 Zi. | Cuesta de Gomérez 24 | Tel. 958221406 | www.pensionlandazuri.com* | €

LA NINFA (U D4) *(d4)*

Hostal mit kacheldekorierter Fassade an einem der schönsten Plätze in Granada. Familiäre Atmosphäre und gepflegt. Unter derselben Leitung steht das nahe Restaurant *La Ninfa* (€). *11 Zi. | Plaza Campo del Príncipe | Tel. 958227985 | hostallaninfa.net* | €

PARADOR DE GRANADA

(U E4) *(e4)*

Eines der gefragtesten und teuersten Häuser der Paradorkette: in Vorzugslage auf dem Alhambraplateau, eingerichtet in einem ehemaligen Franziskanerkloster. *40 Zi. | C/ Real de la Alhambra | Tel. 958221440 | www.parador.es* | €€€

AUSKUNFT

Im Rathaus (Ayuntamiento) an der Plaza del Carmen (U C4) *(c4)* *(Tel.*

958248280 | www.granadatur.com); Plaza de Santa Ana (U D3) *(d3) (Tel. 958575202 | www.turgranada.es)*

ZIELE IN DER UMGEBUNG

GUADIX (131 F3) *(K3–4)*

Diese 20 000-Ew.-Stadt rund 60 km östlich von Granada ist ein Unikum in Spanien: Hier leben mehrere Tausend Menschen in Höhlenwohnungen unter der Erde. Zu manchen gehören Open-Air-Terrassen, auf denen Wäsche trocknet, andere sind auf dem letzten Stück nur über Treppen erreichbar. Im pittoresken Höhlenviertel ★ *Barrio de Cuevas* erlaubt das *Centro de Interpretación de las Cuevas (Mo–Fr 10–14 und 16–18, im Sommer nachmittags 17–19, Sa 10–14 Uhr)* einen Einblick in die unterirdische Architektur. Im Schnitt sind die Grottenwohnwelten 70 m² groß und besitzen kein Fenster; der einzige Licht- und Lufteinfall kommt durch die Tür.

Im Höhlenviertel führt ab der *Plaza Padre Poveda* ein kurzer Weg zu einem Aussichtspunkt *(mirador)*. Dort bietet sich das beste Panorama von Guadix mit der Maurenfestung Alcazaba, dem Kathedralturm und bizarren Felswänden im Hintergrund. Um den Aussichtspunkt spazieren Sie genau über die Dächer von Wohnhöhlen, wie die kunstvollen, weiß aufragenden Wahrzeichen verraten: die Schornsteine. Eine weitere Höhle, die *Cueva La Alcazaba* mit dem Töpfereimuseum *Museo de la Alfarería (Mo–Fr 10–13.30 und 16–19, im Sommer nachmittags 17–20.30, Sa/So 11–14 Uhr)*, öffnet sich unterhalb des Kastells an der *C/ San Miguel*. Im Gegensatz zu den bescheidenen Höhlen trägt die *Kathedrale* ihren Prunk nach außen mit einer bombastischen Barockfassade zur Schau. 1492 begonnen, zog sich der Bau über drei Jahrhunderte hin.

Haben die Höhlen Ihre Neugier geweckt? Dann können Sie in INSIDER TIPP Höhlenhotels übernachten, z. B. in den *Cuevas Pedro Antonio de Alarcón (23 Apartments | Barriada San Torcuato | Tel. 958664986 | www.cuevaspedroantonio.es | €–€€)*. Auskunft: *Plaza de la Constitución 15 | Tel. 958662804 | www.guadix.es*

FEDERICO GARCÍA LORCA

Federico García Lorca (1898–1936) war einer der größten Dichter und Dramatiker Spaniens, seine Tragödien wie „Bernarda Albas Haus" werden bis heute im In- und Ausland gespielt. Im Dorf Fuente Vaqueros 18 km nordwestlich von Granada in den Wohlstand einer angesehenen Familie hineingeboren, blieb er zeitlebens mit seiner Heimat verbunden. Im Landhaus Huerta de San Vicente in Granada schrieb er die Theaterklassiker „Yerma" und „Bluthochzeit". Lorcas Homosexualität und seine Gesellschaftskritik brachten ihm Feindschaften ein, die ein tragisches Ende fanden: Zu Beginn des Spanischen Bürgerkriegs wurde er im August 1936 von Anhängern des Putschgenerals Franco heimtückisch erschossen. In Fuente Vaqueros steht Besuchern sein Geburtshaus *Casa Natal (Di–So 10, 11, 12, 13, zusätzlich Juli–Sept. Di–Sa 14, Okt.–März 16 und 17, April–Juni 17 und 18 Uhr | C/ Poeta Federico García Lorca 4 | www.patronatogarcialorca.org)* im Rahmen von geführten Rundgängen offen.

Gipfeltour auf den Pico de Veleta: An klaren Tagen reicht der Blick bis nach Afrika

SIERRA NEVADA ★ ●

(132 A–C 4–5) (*J–L4*)

Das höchste Gebirge der Iberischen Halbinsel türmt sich in Sichtweite von Granada majestätisch auf: die Sierra Nevada, gekrönt vom *Mulhacén* (3482 m) und vom *Pico de Veleta* (3392 m). Im Winter tragen die Höhenlagen Schnee und Eis, ansonsten zeigen die Berge schroffe, mächtige Rücken aus Felsformationen und Geröll. Der Großteil des Gebirges steht als 860 km² großer Nationalpark unter Schutz. Mehr als 2000 Pflanzenarten sind dokumentiert und mit Glück lassen sich Steinadler und Steinböcke beobachten.

Der beste Einstieg in die Sierra Nevada ist die gut ausgebaute Bergstraße A 395, die sich südöstlich von Granada rund 35 km in die Hochgebirgswelt windet. Auf weiten Kehren passieren Sie Olivenbäume, Kiefern und kleine Schluchten. Das Bergpanorama steigert sich mit der Höhe und gipfelt in *Pradollano,* der auf 2100 m gelegenen Skistation der Sierra Nevada mit ihrer Ski- und Après-Ski-Szene. Außerhalb der Wintersaison liegen die Auswüchse der Retortensiedlung ebenso nutz- und trostlos da wie die Schneeleitpfosten. Hinter Pradollano können Sie die Fahrt auf der A 395 fortsetzen, bis für den Durchgangsverkehr kurz hinter dem 2500-m-Schild an einem Parkplatz Schluss ist; ab dort brechen entsprechend ausgerüstete Wanderer in die Hochgebirgswelten auf.

Nach Süden geht die Sierra Nevada in die mit hübschen Dörfern gesprenkelte Vorgebirgskette *Alpujarra* über. Auch hier führt von Süden eine Straße über Lanjarón und Capileira an die Sierra Nevada heran, doch für den Privatverkehr ist die Auffahrt aus Gründen des Naturschutzes gesperrt. Stattdessen bringt Sie zwischen Mai und Oktober – abhängig vom Wetter und den neuesten Bestimmungen – von *Capileira* auf 1420 m ein Kleinbusshuttle zum 2700 m hoch gelegenen *Mirador de Trevélez* und damit in beliebte Wandergebiete. Informationen bei *Nevadensis (Tel. 958 76 31 27 | www.nevadensis.com)* an der *Plaza de la Libertad* in *Pampaneira,* die auch INSIDER TIPP Wandertouren mit Bergführer arrangieren. Eine Fahrt durch die traumhafte Landschaft der Alpujarra finden Sie im Kapitel „Erlebnistouren".

DIE COSTA DEL SOL UM MÁLAGA

Von vibrierend und zubetoniert bis urwüchsig und bescheiden schlägt das Pendel an der zentralen und östlichen Sonnenküste aus. Beliebte Stützpunkte sind Torremolinos und Nerja, der Sporthafen von Benalmádena zählt zu den schönsten im ganzen Land. Mittendrin lockt die Metropole Málaga, die Geburtsstadt des Malers Pablo Picasso. Im Hinterland geht es hinauf in teils urwüchsige Territorien mit Olivenhainen, Weingärten, weißen Dörfern.

Was die Strände betrifft, so geht es kontrastreich zu: Es gibt kleine, auf mehrere Abschnitte verteilte wie in Nerja oder durchgehend lange Strände wie in Torremolinos. Geheimtipps darf hier niemand mehr erwarten, mancherorts ist es im Sommer zum Bersten voll.

MÁLAGA

KARTE IM HINTEREN UMSCHLAG (130 B–C5) (*G5*) **Die schon von den Phöniziern gegründete 570 000-Ew.-Stadt ist keine Liebe auf den ersten Blick.** Doch hinter Hochhausringen, Hafenanlagen und dröhnendem Verkehr verbergen sich Zeugnisse einer langen Geschichte. Heute ist die Stadt wegen ihrer Museen, darunter das renommierte Picasso-Museum, als Kreuzfahrthafen beliebt.

SEHENSWERTES

ALCAZABA (135 E2) (*I2*)
Auf einem Hügel über der Altstadt ansteigend, war die Alcazaba ab dem 11. Jh. die

Bild: Centre Pompidou Málaga

Zwischen Highlife und Höhenluft: im Zentrum der Costa del Sol, wo die Maschinen mit den Sonnenhungrigen aus dem Norden landen

CITY WOHIN ZUERST?
Bester Orientierungspunkt ist die **Plaza de la Merced (135 E1–2)** ***(🕮 I1–2)*** mit Picassos Geburtshaus. Bus- und Bahnreisende kommen etwas außerhalb des Zentrums am Bahnhof am Paseo de los Tilos an. Von dort sind es ca. 20 Gehminuten in die City. Zentrumsnahe Parkhäuser u. a. an der Plaza de la Marina und bei der Plaza María Guerrero.

Palastburg der maurischen Gouverneure. Das Verteidigungssystem umfasste Rampen, Zickzackzugänge und drei Mauerringe. Hibiskussträucher, Bougainvilleen und Wasserbecken haben der Anlage die militärische Strenge genommen. Obwohl die maurische Pracht erloschen und manches zu stark restauriert worden ist, lohnt sich der Aufstieg schon wegen der Aussicht auf Kräne und Schiffe im Hafen, auf das Meer, den Paseo del Parque, die Kathedrale. Ins Blickfeld schiebt sich auch die Stierkampfarena. Einzig einige Hufeisenbögen halten ein wenig das altmaurische Flair aufrecht. Für die Alcazaba und das Castillo de Gibralfaro gibt es ein preisreduziertes Kombiticket. *Tgl. 9–18, Sommer bis 20 Uhr | C/ de la Alcazabilla 2*

CASTILLO DE GIBRALFARO ★

(135 F2) (*m2*)

Die im 14. Jh. erbaute Oberburg der Mauren, die durch einen Mauergürtel mit der Unterburg Alcazaba verbunden war, fungierte als Wachposten über der Stadt und fuhr schweres Geschütz auf. Heute ist die Festung ein friedliches, begrüntes Idyll, in dem Sie über die restaurierten, zinnenbesetzten Wehrgänge spazieren und tolle Ausblicke über Kiefernkronen hinweg auf Stadt, Küste und Hinterland genießen. *Tgl. 9–18, Sommer bis 20 Uhr*

CATEDRAL DE LA ENCARNACIÓN

(135 D2) (*j2*)

Strenge und Allmacht strahlt Málagas Kathedrale aus, an der sich die Arbeiten auf dem Gelände der vormaligen Moschee von 1528 bis 1782 dahinzogen, um dann schließlich ganz eingestellt zu werden. La Manquita, „die Einarmige", hat sie der Volksmund getauft, da es bei nur einem der zwei geplanten Türme geblieben ist. Im Innern steigen mächtige Säulen zum 40 m hohen Gewölbe auf. Die Dimensionen, die Distanz zwischen Altar und Bankreihen sowie die Ablenkung durch einen überreichlichen Dekor und Ölgemälde in den Kapellen fördern nicht gerade die besinnliche Stimmung. Der ins Mittelschiff eingesetzte Chor ist ein Wunderwerk der Schnitzkunst, die Orgeln haben – typisch für Spanien – waagerechte Pfeifen. *Mo–Fr 9–19, Sa 9–20, So 8.30–14 und 18–20 Uhr | C/ Molina Lario 9*

Málagas Kathedrale wurde trotz 250 Jahren Bauzeit nie wirklich vollendet

INSIDER TIPP CENTRE POMPIDOU MÁLAGA

(135 F3) (*m3*)

In der 2015 eröffneten Dependance des Pariser Centre Pompidou sind unter den mehr als 70 Werken aus dem 20. und

21. Jh. solche von hochrangigen Künstlern wie Max Ernst, René Magritte, Frida Kahlo oder Francis Bacon zu finden. Neben der permanenten Ausstellung gibt es jedes Jahr eine temporäre Schau. Von außen ist die Ausstellungshalle – ein gläserner Kubus mit bunten Quadraten – an der Flaniermeile Muelle Uno im Hafen weithin zu erkennen. *Mi–Mo 9.30–20 Uhr | Pasaje Doctor Carrillo Casaux | centrepompidou-malaga.eu*

CENTRO DE ARTE CONTEMPORÁNEO (CAC) ● (134 B4) (🕮 h4)

Das Zentrum für Zeitgenössische Kunst, untergebracht im einstigen Großmarkt, beeindruckt mit der Größe seiner Säle. Die *Colección Permanente* ist u. a. mit Werken von Louise Bourgeois, Thomas Hirschhorn, Damien Hirst und Olafur Eliasson bestückt. Hinzu kommen facettenreiche Wechselausstellungen, bei denen man zum Teil auch wieder auf den eigenen Fundus zurückgreift. Der Eintritt ins Museum ist kostenlos. *Sommer Di–So 10–14 und 17–21, sonst Di–So 10–20 Uhr | C/ Alemania | cacmalaga.org*

INSIDER TIPP COLLECIÓN DEL MUSEO RUSO (0) (🕮 0)

In einer ehemaligen Tabakfabrik hat 2015 die Dependance des Staatlichen Kunstmuseums St. Petersburg eröffnet. In der Dauerausstellung ist russische Kunst vom 16. Jh. bis zur Avantgarde zu sehen: Ikonen, Porträts, Landschaften, historische Avantgarde und der Sozialistische Realismus. Große Namen wie Wassily Kandinsky und Marc Chagall sind vertreten. *Di–So 9.30–20 Uhr | Av. Sor Teresa Prat 15 | www.coleccionmuseoruso.es*

MUSEO ALBORANIA ● (135 E3) (🕮 l3)

Hier tauchen Sie in die Unterwasserwelt ein und lernen die für die Costa del Sol typischen Pflanzen und Meeresbewohner kennen – direkt an der Flaniermeile Muelle Uno im Hafen. So lernt man Dinge über das Meer mit Blick auf dasselbe. *Mitte Sept.–Juni tgl. 10.30–14, Do–So auch 16.30–18.30, Juli–Mitte Sept. tgl. 11–14 und 17–20 Uhr | museoalborania.com*

MUSEO AUTOMOVILÍSTICO MÁLAGA (0) (🕮 0)

Ausstellungssäle mit Autos aus aller Welt nehmen Sie auf eine Zeitreise mit, die vor allem Motor- und Technikfreaks an-

MARCO POLO HIGHLIGHTS

★ **Castillo de Gibralfaro in Málaga**
Ein Mauerspaziergang mit Ausblicken → S. 66

★ **Museo Picasso in Málaga**
Eintauchen in Picassos Welten in seiner Heimatstadt → S. 68

★ **Antequera**
Dolmen mit gewaltigen Stützsteinen und schlauchartigen Gängen → S. 71

★ **Balcón de Europa in Nerja**
Aussichtspromenade über dem Meer und wichtigster Treffpunkt der Stadt → S. 74

★ **Cueva de Nerja**
Die Tropfsteinhöhle ist ein Schauspiel der Natur → S. 75

★ **Frigiliana**
Gassengeflecht zwischen dem Kalkweiß der Häuser → S. 77

★ **El Torcal de Antequera**
Wandern durch bizarre Felslandschaft → S. 73

sprechen wird. Hier lässt sich die ästhetische und technische Entwicklung des Automobils anschaulich verfolgen. Das Museum nimmt einen Teil der restaurierten alten Tabakfabrik ein. *Di–So 10–19 Uhr | Av. Sor Teresa Prat 15 | www.museoautomovilmalaga.com*

MUSEO CARMEN THYSSEN

(134 C2) (*🕮 j2*)

Eine Mischung aus alter und neuer Architektur gibt den Rahmen für dieses bemerkenswerte Kunstmuseum ab. Die Exponate der Ständigen Sammlung umfassen eine „Santa Marina" des Meisters Francisco de Zurbarán und spanische Maler aus dem 19./20. Jh., die – wie Guillermo Gómez Gil, Ignacio Zuloaga und Julio Romero de Torres – volkskundlich interessante Szenen festhielten. Zusätzlich finden Wechselausstellungen statt. *Di–So 10–20 Uhr | C/ Compañía 10 | www.carmenthyssenmalaga.org*

MUSEO INTERACTIVO DE LA MÚSICA

(135 D1) (*🕮 k1*)

Das interaktive Musikmuseum, in dem es mancherorts ausdrücklich heißt „Anfassen erlaubt", hat seinen Platz im Palacio del Conde de las Navas gefunden. Mehrere Hundert Instrumente laden zu einer Reise durch Länder und Traditionen ein. Integriert ins Museum sind Reste der alten Stadtmauer. *Winter Mo 10–16 , Di–So 10–19, Sommer Mo 10.30–16, Di–So 10.30–19.30 Uhr | musicaenaccion.com*

MUSEO PICASSO ★ ●

(135 E2) (*🕮 l2*)

Es war der Wunsch von Pablo Picasso (1881–1973), Teile seiner Werke in seiner Geburtsstadt (Picassos Familie lebte bis 1891 in Málaga) zu sehen – das macht Málaga zu einer erstrangigen Adresse der Kunstszene. Im Renaissancepalast Buenavista blättert sich der Kosmos eines Jahrhundertkünstlers auf, der mit unterschiedlichsten Stilen, Techniken und Materialien vertraut war. Frühe und späte Werke, Ölgemälde, Skizzen, Akte und Keramiken geben Einblick in sein kubistisch-surrealistisches Werk. Stiermotive verraten seine spanische Seele, Frauenporträts seine Liebschaften.
Zu den Exponaten der ständigen Sammlung zählen u. a. *Búho sobre una silla* („Uhu auf einem Stuhl"), *Jacqueline sentada* („Sitzende Jacqueline") und *Naturaleza muerta con cráneo y tres erizos* („Stillleben mit Totenschädel und drei Igeln"). Die strengen Augen des Wachpersonals werden Sie beim Rundgang begleiten – die Werke, die sich von der frühen bis zur spätesten Schaffensphase spannen, sind von unvorstellbarem Wert. Ideal für eine Kunstpause eignet sich das **INSIDER TIPP** *Museumscafé*. Das Kellergeschoss des einstigen Palasts birgt eine Überraschung, die nichts mit Picasso zu tun hat: Reste aus römischer und phönizischer Ära, teils über 2500 Jahre alt. Auf der Website finden Sie den Link zur Vorbestellung von Eintrittskarten; es gibt auch einen Bereich für Wechselausstellungen (Sonderticket oder Kombieintritt mit ständiger Sammlung) und sonntags nach 18 Uhr gilt freier Eintritt, bis die Kapazitäten erschöpft sind. *Tgl. 10–18, März–Juni und Sept./Okt. bis 19, Juli/Aug. bis 20 Uhr | C/ de San Agustín 8 | www.museopicassomalaga.org*

MUSEO DEL VIDRIO Y CRISTAL

(135 D1) (*🕮 k1*)

Dieses bemerkenswerte Glasmuseum ist in einem Palais aus dem 18. Jh. eingerichtet. Die Sammlung besteht aus ca. 2000 Stücken aus unterschiedlichsten Epochen. Lohnend ist die Teilnahme an einer Führung. *Di–So 11–19 Uhr | Plazuela del Santísimo Cristo de la Sangre 2 | www.museovidrioycristalmalaga.com*

PLAZA DE LA MERCED
(135 E1–2) (*🗺 l1–2*)
Ein Obelisk in der Mitte, Taubenschwärme, Bänkchen, Cafés – Impressionen von einem der Hauptplätze Málagas, an dem das Geburtshaus von Pablo Picasso liegt. Dort betreibt die Stiftung Picasso mit dem *Museo Casa Natal de Picasso (tgl. 9.30–20 Uhr | fundacionpicasso.malaga.eu)* ein bescheidenes Museum, in dem Fotos an den kleinen Pablo und Wechselausstellungen an den großen Picasso erinnern. Sonntags ist der Eintritt frei.

Plaza de la Merced: Über den Platz, an dem sein Geburtshaus steht, wacht Picasso in Bronze

SOHO MÁLAGA (134 C3–4) (*🗺 j3–4*)
Zwischen Hafen, Río Guadalmedina und Alameda Principal erstreckt sich dieses Viertel, das Anwohner und Ladeninhaber unter dem Etikett „Soho Málaga" mit kulturellem Leben füllen. Dazu gehört auch das Schwesterprojekt Málaga Art Urban Soho (MAUS), das Theateraufführungen, Fotowettbewerbe, Tauschbörsen und Workshops organisiert. Im Mittelpunkt steht die urbane Kunst: Viele Graffiti zieren die Hauswände, darunter solche namhafter Künstler von internationalem Rang wie Faith 47, ROA, DALeast, D*Face und Obey. *soho.malaga.eu, www.sohomlg.com*

TEATRO ROMANO (135 E2) (*🗺 l2*)
Beim Zugang zur Alcazaba liegen die Reste dieses römischen Theaters aus dem 1. Jh., das bis ins 3. Jh. in Betrieb gewesen sein dürfte. Im Mittelalter diente das Gelände als Steinbruch der Mauren beim Bau der Alcazaba; erst Mitte des 20. Jhs. wurde das Theater bei Grabungsarbeiten wiederentdeckt. *Di 10–18, Mi–Sa 9–19, Mai–Sept. bis 20.30, So 10–16 Uhr | C/ de la Alcazabilla 8*

ESSEN & TRINKEN

EL JARDÍN (135 D2) (*🗺 k2*)
Der Traditionstreff bei der Kathedrale ist eine Mischung aus Café und Restaurant. Es gibt Tellergerichte und Salate, aber auch Ausgefeilteres, z. B. geschmorten Stierschwanz oder mariniertes Rebhuhn,

sowie musikalische Abende: in der Regel donnerstags Tango und freitags und samstags Flamenco. *So-Abend geschl. | C/ Cañón 1 | Tel. 952220419 | www.eljardinmalaga.com* | €–€€

RESTAURANTE JOSÉ CARLOS GARCÍA
(135 F3) (*m3*)
Ein Paradebeispiel der ausgefeilten modernen Küche Andalusiens an einem kleinen Platz am Hafen. Die Gerichte orientieren sich an Jahreszeiten und Marktfrische und wechseln daher ständig. *So/Mo geschl. | Plaza de la Capilla 1 | Tel. 952003588 | www.restaurantejcg.com* | €€€

INSIDER TIPP **SPAIN FOOD SHERPAS**
Ganz besondere Touren organisieren die Spain Food Sherpas: Sie nehmen Besucher an die Hand und führen sie zu Geschäften, Restaurants und Tapabars, die sie ohne die Sherpas niemals finden würden. Oder Sie lassen sich in einem Workshop zeigen, wie man authentische Tapas zubereitet. *Tel. 952210307 | www.spainfoodsherpas.com*

EINKAUFEN

Eine stattliche Auswahl an Boutiquen und Schuhgeschäften finden Sie im Bereich der Straßen *Calle Puerta del Mar, Calle Nueva* und *Calle Marqués de Larios* (134–135 C–D 2–3) (*j–k 2–3*), reiche Auswahl außerdem in Shoppingcentern wie *Málaga Plaza* (134 B2) (*h2*) (*C/ Armengual de la Mota 12 | www.malagaplaza.com*) und *Larios Centro* (134 A3) (*g3*) (*Av. de la Aurora 25 | www.larioscentro.com*).

STRÄNDE

Die Halb-Millionen-Metropole Málaga ist kein Ziel für einen klassischen Badeurlaub. Die 14 km wenig attraktiver Großstadtstrände, die östlich des Hafenbeckens mit der *Playa de la Malagueta* beginnen und sich von dort weit nach Osten bis zum Sporthafen *El Candado* hinziehen, überlässt man daher lieber den Malagueños selbst.

FREIZEIT & SPORT

Thementouren per Rad bietet *Málaga Bike Tours & Rentals* (135 D3) (*k3*) (*C/ Trinidad Grund 4 | Tel. 951138349 | www.malagabiketours.eu*) an, u. a. eine „Tapas Bike Tour" und einen alternativen „Off the Tourist Track Ride". Auch Fahrradverleih.

AM ABEND

Tapabars finden Sie im Zentrum nahe der Plaza de la Constitución um die *Pasaje de Chinitas* und *Calle Moreno Monroy.* Oper und Ballett im *Teatro Cervantes* (135 E1) (*l1*) (*C/ Ramos Marín | Tel. 952224109 | www.teatrocervantes.com*). Liveacts im Zentrum im *ZZ Pub* (135 D1) (*k1*) (*C/ Tejón y Rodríguez 6*) und in der *Sala Gold* (135 E1) (*k2*) (*C/ Luis de Velázquez 5*), außerhalb Konzerte jedweder Art in der *Sala Eventual Music* (135 E1) (*l1*) (*Polígono San Luis | C/ de Cuernavaca 21 | www.eventualmusic.com*). Flamencotreff für Auftritte ambitionierter Talente mit neuen Ideen ist das *Liceo Flamenco* (135 D1–2) (*k1–2*) (*C/ Beatas 21 | www.liceoflamenco.com*). Veranstaltungshinweise finden Sie unter *www.malakao.es.*

ÜBERNACHTEN

DON PACO (134 A5) (*g5*)
Solides Hotel in geschäftiger Gegend nahe Eisenbahn- und Busbahnhof. *31 Zi. | C/ Salitre 53 | Tel. 952319008 | www.hotel-donpaco.com* | €

NH MÁLAGA (134 B3) (*h3*)
Citynahes, komfortables Viersternehotel der NH-Kette gleich neben der Brücke über das ausgetrocknete Flussbett des Río Guadalmedina. INSIDER TIPP Gutes Frühstücksbuffet und Fitnessraum. *133 Zi. | C/ San Jacinto 2 | Tel. 9 52 07 13 23 | www.nh-hoteles.es | €€*

PETIT PALACE PLAZA (135 D2) (*k2*)
Hotel im Herzen der Stadt mit aufmerksamen Servicedetails; jedes Zimmer verfügt über einen Computer. *66 Zi. | C/ Nicasio 3 | Tel. 9 52 22 21 32 | www.petitpalace.com | €€*

AUSKUNFT

Plaza de la Marina 11 (135 D3) (*k3*) *Tel. 9 51 92 60 20 | www.malagaturismo.com*

ZIELE IN DER UMGEBUNG

ANTEQUERA ★ (130 B4) (*F4*)
Dolmen und Kirchen, eine schöne Altstadt, eine maurische Burg: Gründe genug für einen Abstecher 50 km nördlich nach Antequera (30 000 Ew.) – nur nicht montags, dann sind die bemerkenswerten Dolmen geschlossen. Ein Ausflug nach Antequera lässt sich gut mit einem Besuch des Lobo Parks oder einer Wanderung durch den Naturpark El Torcal de Antequera kombinieren.

All dies in einen einzigen Ausflugstag von der Küste zu packen, ist allerdings schwer möglich. Als Quartiere in Antequera empfehlen sich daher der *Parador (55 Zi. | Paseo García del Olmo 2 | Tel. 9 52 84 02 61 | www.parador.es | €€)* und das zentrale, in einem Stadthaus aus dem 18. Jh. eingerichtete *Hotel Coso Viejo (42 Zi. | C/ de la Encarnación 9 | Tel. 9 52 70 50 45 | www.cosoviejohotelantequera.com | €)*. In beiden Hotels können Sie auch gut essen. Auskunft: *Plaza de San Sebastián 7 | Tel. 9 52 70 25 05 | turismo.antequera.es*

Herausragend in Antequera sind die ● Dolmen, Grabtypen der Megalithkulturen, zwischen 4000 und 5000 Jahre alt. Die Dolmen *Menga* und *Viera* sind in einen übermäßig modernen Archäolo-

Dolmen Viera in Antequera: Das steinzeitliche Grab wurde erst im 20. Jh. wiederentdeckt

giekomplex an der Einfahrt aus Málaga gefasst, der Dolmen *El Romeral* liegt isoliert weiter nordöstlich der Innenstadt *(Zeiten für alle drei Dolmen Di–So 9–15.30, Mitte Sept.–März Di–Sa bis 17.30, April–Mitte Juni Di–Sa bis 19.30 Uhr)*. In die Dolmen Viera und El Romeral führen schlauchartige Zugänge, im Dolmen Menga öffnet sich ein großer, stimmungsvoll ausgeleuchteter Raum mit den mächtigsten aller Decken- und Tragsteine.

Im historischen Viertel *Coso Viejo* bummeln Sie über die Plaza de San Sebastián mit der gleichnamigen, von der Turmfigur Angelote gekrönten Kirche und die Plaza Coso Viejo, wo ein Reiterstandbild König Ferdinand I. zeigt, der Antequera 1410 aus der Hand der Muslime eroberte. Den Hügel über der Altstadt dominiert die restaurierte Maurenfestung *Alcazaba (April–Mitte Sept. Mo–Sa 10–19, So 10.30–15, Mitte Sept.–März Mo–Sa 10.30–17.30, So 10.30–15 Uhr)*. Dort haben Sie den besten Blick über das weiße Häusermeer von Antequera, auf Olivenhaine, die Sierra de Chimenea und den einsam aufragenden Felsgiganten La Peña. Auf dem Burgplateau liegt auch die Renaissancekirche *Real Colegiata de Santa María*.

INSIDER TIPP CAMINITO DEL REY

(130 A4) *(F5)*

Der einst marode Klettersteig, der über die Schlucht *Paraje Natural Desfiladero de los Gaitanes* führt, wurde nach mehrjährigen Renovierungsarbeiten 2015 wieder zugänglich gemacht und lockt seitdem Tausende von Besuchern an. Ursprünglich wurde der Weg Anfang des 20. Jhs. gebaut, um Arbeitern Zugang zum Wasserkraftwerk Sociedad Hidroeléctrica del Chorro zu verschaffen. Der neue Caminito wurde mit Holzpaneelen auf dem ursprünglichen Weg errichtet, die mit Metallstreben im Felsen verankert sind. Schwindelfrei sollte man hier

Hier bitte nicht Pokémon Go spielen: der spektakuläre Klettersteig Caminito del Rey

schon sein, da einige Stellen mit einem Glasboden ausgestattet sind. Die Gesamtstrecke ist 7,7 km lang, davon entfallen knapp 3 km auf den eigentlichen Klettersteig. Wer durch die Schlucht wandern möchte, sollte vorab Eintrittskarten *(10 Euro/Person)* auf der Website bestellen. *www.caminitodelrey.info*

COMARES (130 C5) *(G5)*

Auf einem Felssporn liegt das weiße Dorf in der Axarquía 40 km nordöstlich von Málaga. Von einer *Aussichtsplattform* bietet sich ein wundervoller Ausblick. Comares ist auch bekannt für die Pflege der Verdiales, einer Urform des Flamenco mit Gitarre, Geige, Tamburin, Tänzern und Sängern. Die restaurierte Ölmühle beherbergt heute das Hotel und Restaurant INSIDER TIPP *El Molino de los Abuelos (5 Zi., 1 Apartment | Plaza de la Axarquía 2 | Tel. 952 50 93 09 | www.molinodelosabuelos.com | €)*.

INSIDER TIPP LOBO PARK

(130 B4) *(F5)*

Elegant ihre Gangart, durchdringend scharf die Augen, die Hierarchie im Rudel klar abgesteckt – Wölfe! Auf insgesamt 100 000 m² Gehegefläche mit Büschen und Steineichen leben rund 30 Tiere in diesem Wolfspark südwestlich von Antequera (ca. 60 km nordwestlich von Málaga, Anfahrt über Álora oder Antequera): Timberwölfe aus Kanada, Iberische und Europäische Wölfe sowie eine Wölfin aus Alaska. Daniel und Alexandra, das deutsche Besitzerpaar, geben ihren Tieren so viel Platz und Rückzugsmöglichkeiten wie möglich. Ausgucke und Wege entlang der Gehege machen mit den Raubtieren vertraut, ihrer Tarnung, ihrem Sozialverhalten. Die meisten der Wölfe sind im Park geboren und an Menschen gewöhnt, sodass deren Gegenwart sie weder beeindruckt noch stört.

Obligatorisch ist die Teilnahme an einem Rundgang, der etwa anderthalb Stunden dauert und auch auf das Gelände der „Streichelfarm" zu Schweinen, Schafen und Ziegen führt. Von Mai bis Oktober (und im Winter in Vollmondnächten) können Sie nach Reservierung unter *Tel. 952 03 11 07* eine „Wolfsgeheul-Nacht" miterleben. *Do–Di 10–18, Führungen im Regelfall 11, 13, 15 und 16.30 Uhr | Ctra. A 343 Antequera–Álora km 16 | www.lobopark.com*

MONTES DE MÁLAGA

(130 B–C5) *(G5)*

Wälder aus Aleppokiefern, in den 1930er-Jahren großflächig aufgeforstet, sind typisch für das Gebirge, das eine Höhe von bis zu 1032 m erreicht und als Naturpark unter Schutz steht. Nordöstlich der Stadtausläufer beginnt das Landsträßchen A 7000, das den Park von Süd nach Nord Richtung Colmenar durchläuft und zu Beginn Panoramablicke über Málaga und das Meer freigibt. An der Strecke sind Abzweige zum schönen INSIDER TIPP Landhotel *Cortijo La Reina (36 Zi. | Tel. 951 90 09 39 | hotelcortijolareina.com | €)* und zur historischen Kelter *Lagar de Torrijos* ausgewiesen; dort beginnt ein kleines Wandergebiet.

EL TORCAL DE ANTEQUERA ★

(130 B4) *(F5)*

50 km nördlich auf dem Weg nach Antequera treffen Sie auf diese eindrucksvolle Zauberlandschaft. Das Karstgebirge ist Andalusiens bizarrster Naturpark, eine Märchenwelt und ein geologisches Kuriosum. Mit dem Auto kommen Sie bequem zum Start- und Endpunkt, dem Parkplatz am *Centro de Visitantes (tgl. 10–17, April–Sept. bis 19 Uhr | torcaldeantequera.com)* mit Caférestaurant.

Auf der gelben *Ruta Amarilla*, die sich zum Teil mit der kürzeren grünen *Ruta*

Verde deckt, tauchen Sie ein in die Bergwelt. Diese 3 km kurze Wanderung hat trotz ihrer Kürze höchsten Erlebniswert! Erforderlich ist allerdings adäquates Schuhwerk – je nach Witterung können die Wege rutschig sein. Wieder am Besucherzentrum, sind es zum Schluss dann nur noch ein paar Schritte zum einmaligen Aussichtspunkt *Mirador las Ventanillas.*

Nerja: altertümlicher Charme nicht zuletzt dank fehlender Hotelklötze

NERJA

(131 D5) (H5) **Kleine Strände, mildes Klima, gemütliche Plätze und Gassen, das Miteinander aus Küsten- und Bergblicken: Das sind die Stärken von Nerja (20 000 Ew.) am östlichen Ende der Costa del Sol.**

Vom Fischerort hat sich Nerja zum attraktiven Besucherstädtchen entwickelt. Sicher, es gibt neue Siedlungen landeinwärts, doch die Topografie mit ihren Klippen und von Felsen begrenzten Sandbuchten hat eine Küstenbebauung ins Uferlose verhindert. Typisch andalusisch ist die Feierfreudigkeit der Bewohner: ob zu Karneval, in der Johannisnacht im Juni, zu Ehren der Virgen del Carmen am 16. Juli oder bei der großen Feria im Oktober.

SEHENSWERTES

BALCÓN DE EUROPA ★

Dies ist Nerjas Vorzeigeansicht und mit der dahinter liegenden Palmenpromenade ein Treffpunkt par excellence. Bänke laden zum ausgiebigen Verweilen ein. Spaniens König Alfons XII. dachte sich den Namen „Europabalkon" bei seinem Besuch 1885 aus, als er sich hier, hoch über dem Meer, die Seeluft um die Nase wehen ließ. Auf einem steilen Fels und den Resten eines kaum mehr erkennbaren Bollwerks aus dem Mittelalter erbaut, gibt der Balcón de Europa einen der schönsten Aussichtspunkte in Andalusien ab. Er trennt die Strände Calahonda und El Salón; ein Bronzedenkmal erinnert an Alfons XII.

CUEVA DE NERJA ★

Steinerne Kaskaden, Vorhänge, Überwürfe, Wülste, Säulen: Hier erwarten Sie kuriose Formationen, die die Phantasie anstacheln. Sind es runzlige Alte, Kakteen, Kobolde, Rattenkopfprofile, Barten von Walen, Orgelpfeifen? Die Höhle von Nerja bietet alle guten Zutaten einer Tropfsteinhöhle. Das finden auch die Besucher, von denen pro Jahr einige Hunderttausend anrücken und in einem Auf und Ab über Treppenstufen zu Grottenentdeckern werden. Befremdlich wirkt das in der Höhle eingerichtete Auditorium, das im Juli Schauplatz eines Tanz- und Musikfestivals ist. Die 1959 wiederentdeckte Höhle wurde bereits vor 25 000 Jahren von Menschen genutzt. Sie liegt östlich des Stadtgebiets, die Anfahrt zum gebührenpflichtigen Parkplatz ist ausgeschildert. *Tgl. 9–16, Juli/Aug. bis 18.30 Uhr | www.cuevadenerja.es*

MUSEO DE NERJA

Lokalmuseum u. a. mit einer archäologischen Abteilung, in der Funde aus der berühmten Höhle gezeigt werden. *Tgl. 10–14 und 16–18.30, Juli/Aug. bis 20 Uhr | Plaza de España*

ESSEN & TRINKEN

MARISQUERÍA LA MARINA

Fisch und Meeresfrüchte geben hier den Ton an. In der Woche gibt es ein günstiges Mittagsmenü. Im Sommer große Terrasse. *Tgl. | Plaza de la Marina | Tel. 952521299 |* €–€€

TABERNA DE PEPE

Rustikales Interieur, im Sommer auch Terrasse. Spezialitäten sind in erster Linie Fleischgerichte wie geschmorter Stierschwanz *(rabo de toro). Außer im Sommer Do geschl. | C/ Herrera Oria 30 | Tel. 952522195 |* €–€€

EINKAUFEN

Straßenmärkte finden dienstag- und sonntagvormittags in der Urbanización Flamingo statt.

IN DER FINANZKRISE

„Se vende" – zu verkaufen: Diese Schilder bleiben bis heute Wegbegleiter in der nicht enden wollenden Krise Spaniens. Man sieht sie an Häusern, Apartments, Bars, Restaurants, Yachten. Kaufen will die Objekte kaum jemand. Mit der Wirtschaftskrise brach der Immobiliensektor ein. Experten hatten jahrelang vor diesem Einbruch gewarnt, doch Optimisten hielten die Goldgräberstimmung für unvergänglich. Kurzsichtig wurde gebaut, was Betonmischer, Spekulation und Korruption hergaben. Es entstanden immer neue Siedlungen aus der Retorte, *urbanizaciones*, oft in neomaurischem Stil (und aus schlechtem Material), und immer weiter weg von der längst hinlänglich zugebauten Küste. Das Ende vom Lied waren Firmenpleiten, verzweifelte Privatverkäufer, Immobilienleerstand, Bauruinen, ganze Geisterviertel.

STRÄNDE

Nerja zeichnet sich durch seine Mischung aus Felsküste und kleinen Stränden westlich und östlich des Balcón de Europa aus. Der größte Strand, die *Playa de Burriana,* liegt weiter östlich: grobkörnig, mit Restaurants am angrenzenden Paseo Marítimo, Duschen, Kinderspielgeräte, Tretboote, schöne Blicke ins Hinterland und küstenwärts nach Osten.

FREIZEIT & SPORT

Tauchkurse bei *Buceo Costa Nerja (Playa de Burriana | Tel. 952528610 | www.nerjadiving.com).*

LOW BUDG€T

In Nerja ballen sich in der *Calle Pintada* günstige Gasthäuser, darunter das *Hostal Plaza Cantarero (10 Zi. | C/ Pintada 117 | Tel. 952528728 | www.hostalplazacantarero.com)* und das *Hostal Nerja Sol (21 Zi. | C/ Pintada 54 | Tel. 952522121 | www.hostalnerjasol.com).* Doppelzimmer kosten in der Hauptsaison um 50, in der Nebensaison um 30 Euro.

Am Flughafen von Málaga ist die S-Bahn-Linie C1 *(Renfe Cercanías)* eine besonders billige, schnelle und bequeme Alternative sowohl in die Stadt als auch nach Torremolinos, Benalmádena und Fuengirola. *www.renfe.com/viajeros/cercanias/malaga*

In Málaga ist sonntags ab 14 Uhr der Eintritt in die Alcazaba und das Castillo de Gibralfaro frei.

AM ABEND

Die Ausgeh- und Bummelzone Nerjas erstreckt sich um die Calle de la Gloria, Bars für jüngere Leute konzentrieren sich an der *Plaza Tutti-Frutti.* Ein buntes Programm mit Theater, Tanzveranstaltungen und Konzerten gibt es im *Centro Cultural Villa de Nerja (C/ Granada 45 | Tel. 952523863).*

ÜBERNACHTEN

BALCÓN DE EUROPA

Hotelblock über der kleinen Playa de Caletilla und genau neben dem Balcón de Europa – was für eine Lage! *108 Zi. | Paseo Balcón de Europa 1 | Tel. 952520800 | www.hotelbalconeuropa.com* | €€€

PLAZA CAVANA

Zentrales Dreisternehotel mit kleiner Sommerterrasse und Pool. *39 Zi. | Plaza Cavana 10 | Tel. 952524000 | www.hotelplazacavana.com* | €€

AUSKUNFT

C/ Carmen 1/Bajos del Ayuntamiento | Tel. 952521531 | www.nerja.es

ZIELE IN DER UMGEBUNG

CALA DE MARO (131 D5) *(H5)*

Diese nette, ca. 200 m breite Sandbucht gut 5 km östlich ist eine Alternative zu den Stränden von Nerja. Sie gehört zum Nachbarort Maro; dort führt eine ausgeschilderte, kurvige Anfahrt bis zu einem Parkplatz hinab.

CÓMPETA (131 D5) *(H5)*

Kurven über Kurven führen ins 630 m hoch gelegene weiße Dorf Cómpeta knapp 20 km nordwestlich von Nerja zu

Treppengässchen und blumenumrankte Plätze: das weiße Dorf Frigiliana

Füßen der Sierras Tejeda und Almijara. Es pflegt seinen Ruf als Weinzentrum: *Vino de Cómpeta* heißt der lokale Süßwein; die Rebgärten ziehen sich zum Teil über schwer zu bearbeitende Steilhänge. Die Berge, die Schachtelwerke der weißen Häuser, die Gassen, der Kirchturm der Iglesia Parroquial – das ist Cómpetas Patchwork. Tapas und körbeweise Flaschen Cómpetawein bekommen Sie im *Museo del Vino (Mo geschl. | Av. de la Constitución | Tel. 952553314 | €)*, einer Mischung aus Verkaufssaal, Kneipe und Restaurant. *www.turismocompeta.es*

FRIGILIANA ★ ● ✲

(131 D5) (*H5*)

Als Musterbeispiel eines weißen Dorfs zieht sich Frigiliana im Küstenhinterland 6 km nördlich von Nerja über die Vorgebirgshänge der Sierras Tejeda und Almijara. Startpunkt eines Spaziergangs ist die Plaza del Ingenio mit der *Zuckerfabrik El Ingenio,* die ursprünglich ein Palast war und noch heute Zuckerrohrhonig *(miel de caña)* produziert. Frigiliana steigt über mehrere Etagen bis zum netten Platz vor der Kirche San Antonio an. Typisch in den Gassen sind Gitter mit Blumentöpfen, Türen mit Plastikgirlanden, Pflanzenkübel neben den Eingängen, Stromkabelstränge, Bougainvilleen. Keramiktafeln an den Wänden stellen mit Bildern und Texten Szenen zum Fall der Burg von Frigiliana aus. Auskunft: *Cuesta del Apero | Tel. 952534261 | www.turismofrigiliana.es*

3 km außerhalb an der Landstraße nach Torrox liegt ● ✲ INSIDER TIPP *La Posada Morisca (12 Zi. | C/ Loma de la Cruz | Tel. 952534151 | www.laposadamorisca.com | €–€€),* ein schönes, rustikales Landhaus mit kleinem Gästepool und Blick auf Olivenhaine und Meer. Hier entscheiden Sie sich für eine Oase der Stille!

TORRE DEL MAR (131 D5) (*H5*)

Die breiten Liegeflächen am Strand sind das schlagkräftigste Argument, das für den an sich eher sterilen, zugebauten

Küstenort 20 km westlich spricht. *Playa de Poniente* heißt der 1780 m lange Hauptstrand mit seinem grobkörnigen, schwarzen Sand.

TORRE-MOLINOS

(130 B6) (*🕮 F6*) **Drei Stunden Flug bis zum Airport von Málaga, zehn Minuten Transfer bis Torremolinos – und schon stecken Sie mittendrin im Gewühl!**

Wer im Sommer hierherkommt, weiß, was er will: Kultur sicher nicht, sondern Fun und Flirts, Sonne und Alkohol. Unzählige Kneipen, Clubs und Discos geben reichlich Gelegenheit. Torremolinos (60 000 Ew.) ist ein Ferienkracher für ein bunt gemischtes Publikum von Gays bis Familien, ein Zentrum des Pauschal- und Massentourismus, das sich brüstet, mit 50 000 Gästebetten 40 Prozent der Hotelkapazität der gesamten Costa del Sol zu bündeln. Entsprechend sieht es aus, die Eingriffe der Bauindustrie in die Natur klaffen wie Wunden. Touristisches Kapital der Stadt sind ihre langen, makellosen Sandstrände, die ansehnlichen Promenaden und rund 300 Restaurants. Die Hauptachse *Calle San Miguel* ist Fußgängerzone und ein Tummelplatz fürs Sehen und Gesehenwerden. Das Angebot an Taschen, Modeschmuck, Sonnenbrillen und Kleidung ist überbordend.

SEHENSWERTES

JARDÍN BOTÁNICO MOLINO DE INCA

Klares Quellwasser, Springbrunnen, Palmen, Wasserspiele – eine Oase nördlich des Stadtrands. Bereits die Mauren betrieben hier Mühlen. Heute sind sie Museumsstücke und funktionieren auf Knopfdruck. *Sommer Di–So 10–14 und 16–21, sonst 10.30–14 und 16–18 Uhr | Camino a los Manantiales*

PARQUE DE LA BATERÍA

Im Stadtpark mit weiten Wiesenflächen bildet ein kleiner See den Mittelpunkt. Kinderspiel- und Fitnessgeräte, Brunnen, Palmen, Sitzbänke und ein Aussichtsturm. *Di–So 9–21 Uhr | Av. del Carmelo*

ESSEN & TRINKEN

ESPIGA

Zur Abwechslung mal Vegetarisches? Zum Teil stammt die Kost aus ökologischem Anbau. *So geschl. | Av. Joan Miró 19 | Tel. 952370664 | €*

BODEGA QUITAPENAS

Hier sitzen Sie mitten im prallen Leben bei frittierten Fischlein, Sardinen, Tintenfisch und Málaga-Süßwein, der direkt aus Fässern gezapft wird. *Tgl. | C/ Cuesta del Tajo 3 | Tel. 952386244 | €*

STRÄNDE

Sieben Strandkilometer mit breiten Liegeflächen und guter Infrastruktur sind die Pluspunkte von Torremolinos. Die einstigen Strandbüdchen *(chiringuitos)* haben sich über die Jahre in stattliche Restaurants verwandelt. Südwestlich Richtung Benalmádena erstreckt sich die *Playa de la Carihuela,* auf der Nordostseite die *Playa del Bajondillo,* der Hauptstrand.

FREIZEIT & SPORT

Im Nordteil der Stadt liegen der Wasservergnügungspark *Aqualand (tgl. 11–18, Juli/Aug. bis 19 Uhr | www.aqualand.es)* und der *Crocodile Park* (s. Kapitel „Mit Kindern unterwegs").

AM ABEND

Beliebte Ausgehzone ist die *Playa de los Álamos,* die Gayszene trifft sich in Discos wie *Parthenon (La Nogalera).* Um die Calle San Miguel wogen die Menschenströme bis spätabends auf und ab.

ÜBERNACHTEN

HOSTAL GUADALUPE

Liegt an der Schnittstelle zwischen Stadt- und Strandleben und ist daher nichts für Ruhesuchende. Alle Zimmer mit Bad. *14 Zi. | C/ del Peligro 15 | Tel. 952381937 | www.hostalguadalupe.com |* €

MELIÁ COSTA DEL SOL

Doppelblock direkt hinter der Playa del Bajondillo. Zwei Restaurants, Pool, Zentrum für Thalassotherapie. *538 Zi. | Paseo Marítimo 11 | Tel. 912764747 | www.melia.com |* €€

AUSKUNFT

Plaza de las Comunidades Autónomas | Tel. 952371909 | www.torremolinos.es

An den Stränden von Torremolinos begann in den 1960er-Jahren der Aufstieg der Costa del Sol

DIE COSTA DEL SOL UM MARBELLA

Künstlich wie botoxverstärkte Schickimickis im Sporthafen Puerto Banús, natürlich wie das Panorama aus Stränden und Bergen – im Westteil der Sonnenküste fließen Kontraste und Klischees zu einer facettenreichen Wirklichkeit zusammen.

Die Region zeichnet sich durch kilometerlange, breite Sandstrände aus, die Städten wie Estepona, Marbella und Fuengirola zu ihrer Zugkraft verholfen haben. Kehrseite der Medaille: Die einfache Zugänglichkeit der Strände lässt sie während der Saison sardinenbüchsenvoll werden. Die viel befahrene Küstenstraße A 7 und die parallele Küstenautobahn AP 7 setzen einen Schnitt. Wer Strandfreuden sucht, sollte sich nicht nördlich davon einquartieren.

Im ferneren Hinterland stoßen Sie ins Traumdorf Casares und ins magische Ronda vor. Auf einem anderen Blatt steht ein Ausflug nach Gibraltar – ein Stück Great Britain in Andalusien.

ESTEPONA

(129 E4) (*🕮 E6*) **Im Lauf der Zeiten hat Estepona (66 000 Ew.) den Wandel von einer 30-Familien-Siedlung im 16. Jh. zu einer weit auseinandergedrifteten Ferien-, Strand- und Sporthafenstadt am Westrand der Sonnenküste durchlebt.**

Dem Beton und Massentourismus steht die ursprüngliche, kleine Altstadt mit Gassen und kalkweißen Häusern gegenüber. An den Strandpromenaden verra-

Bild: Yachthafen Puerto Banús

Strandfreuden, Sporthäfen und Promenaden: an der Küste zwischen bodenständig und schick, im Hinterland weiße Bilderbuchdörfer

ten Wasserspiele, Kugellaternen und Grünstreifen den Geschmack der Planer. Afrika, Gibraltar, den Gebirgsgürtel der Sierra Bermeja im Hinterland: Aus Estepona haben Sie alles im Blick.

SEHENSWERTES

PLAZA DE LAS FLORES

Orangenbäumchen, Blumenbeete, Brunnen, Cafés und Bänkchen machen den „Blumenplatz" zum Schmuckstück der Altstadt. Nicht weit ist es zur Kirche *Nuestra Señora de los Remedios* aus dem 18. Jh. und zur *Plaza del Reloj* mit ihren Araukarien und dem Musikpavillon. Im umliegenden Wohnviertel geht das Leben seinen gewohnten Gang.

PUERTO DEPORTIVO

Ein schmaler, kleiner Leuchtturm kündigt den knapp 450 Liegeplätze großen Sporthafen an, in dem die Segler-, Yacht- und Nachtschwärmerszene vor Anker geht, die hier Kneipen, Pubs und Restaurants für jeden Geschmack findet.

Im Hinterland von Estepona zieht sich Casares einen Hügelrücken der Sierra Bermeja hinauf

ESSEN & TRINKEN

LA SAL

Traditionelle Zutaten und innovative Noten genießen Sie hier in behaglicher Atmosphäre. Populär sind u. a. die Reisgerichte. *So-Abend und Mo geschl. | C/ Revuelta 10 | Barrio Cancelada | Tel. 952888369 | www.lasalrestaurante.es |* €€€

SIMONITO

Eine Mischung aus traditioneller Bar mit Tapas und Restaurant mit Meeresfrüchten und Fischmenüs. Auf Vorbestellung bekommen Sie hier auch Paella. *Mo geschl. | Av. San Lorenzo 40 | Tel. 952791455 |* €–€€

STRÄNDE

Zwischen die kilometerlangen, gepflegten Strandabschnitte im Stadtbereich – östlich die *Playa de la Rada,* westlich die *Playa del Cristo* – schieben sich die Hafenmolen. Wenige Kilometer westlich der Stadt fallen die Hüllen am FKK-Strand *Costa Natura.*

FREIZEIT & SPORT

Tauchkurse beim *Happy Diver's Club (Atalaya Park Hotel | Ctra. de Cádiz km 168,5 | Tel. 952883617 | www.happy-divers-marbella.com).*

AM ABEND

PEÑA FLAMENCA

Renommierte Flamencosänger, -tänzer und -gitarristen treten hier freitags ab 21.30 Uhr bei der Gala Flamenca auf. Auch Tapas und Getränke werden neben der Bühne serviert. Es empfiehlt sich, einen Tisch zu reservieren. *C/ Fuerzas Armadas | Tel. 952803183*

ÜBERNACHTEN

KEMPINSKI HOTEL BAHÍA ESTEPONA

Eines von mehreren Fünfsternehotels bei Estepona, das keine Wünsche offenlässt: mit Gärten, großer Poollandschaft und exquisiter Küche. *133 Zi. | Ctra. de Cádiz km 159 | Playa El Padrón | Tel. 952 80 95 00 | www.kempinski.com |* €€€

HOSTAL LA MALAGUEÑA

In der Altstadt wenige Schritte von der Plaza de las Flores. Günstige Preise, einfache Einrichtung, aber alle Zimmer mit Bad. *16 Zi. | C/ Raphael 1 | Tel. 952 80 00 11 | www.hlmestepona.com |* €

AUSKUNFT

Plaza de las Flores | Tel. 952 80 20 02 | www.estepona.es

ZIELE IN DER UMGEBUNG

BENAHAVÍS (129 E4) (*E6*)

Eukalyptushaine, das letzte Stück durch die Schlucht des Río Guadalmina, dann ist der „gastronomische Winkel der Costa del Sol" 20 km nordöstlich erreicht. An diesem selbst gewählten Prädikat muss Benahavís sich messen lassen. Obgleich ohne klassische Vorzeigeansicht, macht der Ort um die Plaza de España einen netten Eindruck. Auf Fleischhungrige fixiert ist das Restaurant *Amigos (So und mittags geschl. | C/ Málaga 3 | Tel. 952 85 51 75 | www.restaurantamigos.com |* €€–€€€*)*. Der Ausländeranteil in der 4000-Ew.-Gemeinde liegt bei über der Hälfte; es gibt eine größere britische Kolonie. *www.benahavis.es*

CASARES ★ ● (129 E4) (*D6*)

Ausblicke auf ins Berggrün getupfte helle Anwesen begleiten die Kurvenstrecke, plötzlich taucht es um einen Hügel auf: das weiße Häusermeer von Casares (2000 Ew.) 20 km westlich. Treffpunkt aller ist die Plaza de España mit ihrem Brunnen, dem Restaurant *La Bodeguita de en Medio (Mo geschl. | Tel. 952 89 40 36 |* €–€€*)* und ein paar Bars im erweiterten Platzbereich. Oberhalb der Plaza steigen die Gassen bis zur Kirche und den Burgmauerresten an, die weite Blicke ins bergige Umland freigeben. Trotz des Besucherzustroms bewahrt Casares eine weitgehend unverfälschte Dorfatmosphäre. Wäscheständer stehen vor den Häusern, Gitterfenster

MARCO POLO HIGHLIGHTS

★ Casares
Malerisches weißes Dorf im Hinterland von Estepona → S. 83

★ Upper Rock Nature Reserve
Unter wilden Berberaffen auf dem Felsrücken von Gibraltar → S. 84

★ Teleférico Benalmádena
Seilbahntour mit Afrikablick auf den Berg Calamorro → S. 87

★ Puerto Deportivo in Benalmádena
Buntes Treiben um den Sporthafen → S. 86

★ Plaza de los Naranjos in Marbella
Idyllischer Open-Air-Treff unter Orangenbäumchen → S. 88

★ Tajo-Schlucht in Ronda
Die Schlucht des Río Guadalevín setzt einen spektakulären Schnitt durch eine der schönsten Städte Spaniens → S. 91

sind mit Blumentöpfen verstellt, am Abend wehen Essensdüfte und Fernsehklänge durch die Gassen. *www.casares.es*

GIBRALTAR (129 D5) (*🗺 D7*)
Ein Kalksteinmassiv 50 km südwestlich von Estepona, 425 m hoch, kurz *The Rock*

Spanisch oder britisch? Manchen Bewohnern Gibraltars ist das herzlich egal

genannt: Das ist Gibraltar (30 000 Ew.). 1704 stürmten die Engländer den Fels und gaben ihn zum Leidwesen Spaniens seither nicht aus der Hand. Eine kleine Landmasse mit großer politischer Sprengkraft und einer Bevölkerungsdichte wie in London, mit *fish 'n' chips,* Briefkästen der Royal Mail und einer Zufahrt, die kurioserweise über die Landebahn des Flughafens führt.

In jüngerer Zeit haben die spanisch-britischen Konflikte und die Schikanen spanischer Grenzer noch zugenommen und Parkplätze sind rar – besser lässt man das Auto in La Línea de la Concepción stehen (gebührenpflichtiger Parkraum) und kreuzt die Grenze zu Fuß. Dahinter fahren Busse in die City bzw. Taxis zu Spots wie dem *Europa Point* am Südende der Stadt mit schöner Aussicht auf den Schiffsverkehr in der Straße von Gibraltar und hinüber zu den Bergsilhouetten Marokkos.

Hoch hinauf in der Seilbahn *(Cable Car)* geht es ins ★ *Upper Rock Nature Reserve;* ein Kombiticket mit der Seilbahn schließt Besuche der kleinen *Tropfsteinhöhle St. Michael's,* der 1779–1783 während der spanisch-französischen Belagerung in den Fels getriebenen Tunnel *(Great Siege Tunnels)* und des Maurenkastells *(Moorish Castle)* ein. Unterwegs begegnen Sie Berberaffen, die mit Vorliebe über Autodächer turnen, dort ihre Verdauung zelebrieren und sich auf alles stürzen, was unter Plastikrascheln Essen verheißt. Unter Androhung hoher Bußgelder ist es verboten, die um den *Apes' Den* lebenden Tiere zu füttern! Eine Auffahrt ist auch im Taxi und im eigenen Auto möglich; tief unten öffnet sich die Bucht von Algeciras in immer neuen Perspektiven.

Shoppingachse in der City ist die *Main Street* mit Läden *(Sa-Nachmittag und So geschl.)* voller Spirituosen, Elektronik, Parfümerie- und Juwelierwaren. Beim Schlagwort vom Preisparadies Gibraltar handelt es sich allerdings um eine moderne Legende. *www.gibraltarinfo.gi*

FUENGIROLA

(130 B6) (*🗺 F6*) **Der historische Grund der Phönizier und Römer liegt längst unter Beton begraben. Seine 8 km langen sandigen, im Schnitt 40 m breiten Strän-**

de rückten Fuengirola in den 1960er-Jahren in den Fokus des Massentourismus.
Die Zahl der Gästebetten ist seither auf 12 000, die der Einwohner auf 70 000 explodiert. Treffpunkte sind der große Sporthafen und die Plaza de la Constitución. Spaziergänger, Jogger und Radler teilen sich die Strandpromenade *(Paseo Marítimo)*, die den Río Fuengirola am Südende der Stadt über eine moderne Brücke passiert. Kinderspielgeräte im Sand unterstreichen die Familienfreundlichkeit der Strände.

SEHENSWERTES

CASTILLO SOHAIL

Das wiederaufgebaute, in seinen Ursprüngen mittelalterliche Kastell erhebt sich auf einem Parkhügel über dem Südstrand Ejido. Mauern und Türme dienen als Kulisse für diverse Events im Sommer, von Konzerten bis zum Mittelaltermarkt *Mercado Medieval. Di–So 10–14 Uhr*

ESSEN & TRINKEN

AROMA

Mediterrane Küche mit Fisch und Fleisch, mitunter exotisch verfeinert mit Curry und Mangochutney. Falls es hier zu voll ist, finden Sie in derselben Straße reichlich Alternativen. *Tgl. | C/ Moncayo 23 | Tel. 952 66 55 02 | www.restaurantearoma.com* | €€

EL HIGUERÓN

Etwa 7 km nördlich ein echter Klassiker unter den Ausflugsrestaurants der Costa del Sol, in dem die andalusische Küche (Fisch) gleichermaßen vertreten ist wie die des Nordens (*fabada* – asturischer Bohneneintopf). *Tgl. | Ctra. Benalmádena–Mijas km 3,1 | Tel. 952 11 91 63 | www.elhigueron.com* | €€€

VEGETALIA

Vegetarisches Restaurant, das mit einer großen Bandbreite von Sojabällchen bis zu gefüllten Paprika aufwartet. *So und außer Fr/Sa abends geschl. | C/ Santa Isabel 8 | Los Boliches | Tel. 952 58 60 31* | €

FREIZEIT & SPORT

Im Sporthafen starten Bootstouren, außerdem Tauchausfahrten mit *Abysub (Tel. 657 64 49 06 | www.abysub.com)*. Im Stadtkern gibt es einen *Zoo (tgl. 10–mindestens 18, im Sommer teilweise bis 23 Uhr | C/ Camilo José Cela 6–8 | www.bioparcfuengirola.es)*. Gut erreichbar ist der *Aquapark (Mitte Mai–Mitte Sept. tgl. 10/10.30–17.30/19 Uhr | A 7 km 209 | www.aquamijas.com)* in Mijas-Costa.

AM ABEND

Auf in den Sporthafen, zumindest während der Saison! Themenfiestas und Livemusik gibts in der Diskothek *Mai Tai (Edificio El Puerto)*. Die Spanier schwärmen lieber im Bereich um die Plaza de la Constitución aus.

ÜBERNACHTEN

HOSTAL MARBELLA

Schwedisch geführtes Gasthaus im Zentrum mit solide eingerichteten Zimmern. Faires Preis-Leistungs-Verhältnis, netter Treffpunkt ist die Dachterrasse. *25 Zi. | C/ Marbella 34 | Tel. 952 66 45 03 | www.hostalmarbella.info* | €

MYRAMAR FUENGIROLA

Block mit 224 ordentlich eingerichteten Apartments (ein oder zwei Schlafräume) im hinteren Teil der Stadt, gern gebucht von Familien mit Kindern. *C/ San Miguel 1 | Tel. 952 58 87 68 | www.myramarhoteles.com* | €€

LAS RAMPAS
Ordentliches Dreisternehotel mit Restaurant und kleinem Pool. Strände und Sporthafen sind problemlos zu Fuß erreichbar. *159 Zi. | C/ Pintor Nogales | Tel. 952470900 | www.hotellasrampas.com* | €–€€

AUSKUNFT

Paseo Jesús Santos Rein 6 | Tel. 952467457 | www.visitafuengirola.com

ZIELE IN DER UMGEBUNG

BENALMÁDENA (130 B6) (*F6*)
Eins vorweg zur Großgemeinde Benalmádena (60 000 Ew.), die sich rund 10 km nordöstlich auf die weit auseinandergerissenen Ortsteile *Benalmádena Pueblo, Arroyo de la Miel* und *Benalmádena Costa* verteilt: Sie ist zugebaut, hoffnungslos unübersichtlich – und hat mit 9 km Stränden, geschmackvollen Strandpromenaden und Freizeit-Hotspots gleichwohl eine Menge zu bieten. Mit dem modernen, 33 m hohen Buddhatempel *Estupa de la Iluminación (Di–Sa 10–14 und 16–19, So 10–14.30 und 15.30–19.30 Uhr | El Retamar | www.stupabenalmadena.org)*, dem nahebei gelegenen Schmetterlingshaus *Mariposario* (s. Kapitel „Mit Kindern unterwegs"), dem neoarabischen *Castillo del Bil-Bil* (Konzerte, Ausstellungen) und dem mitten im Gemeindegebiet gelegenen *Golfplatz Torrequebrada (Tel. 952442741 | www.golftorrequebrada.com)* vereint Benalmádena einen seltsamen Mix.

Tummelplatz für Ausgehfreudige ist der ★ *Puerto Deportivo,* der mit über 1000 Liegeplätzen einer der größten und schönsten Sporthäfen an Spaniens Mittelmeerküste ist. Das Ganze kommt als Kunstgebilde mit Gebäudekomplexen im neomaurischen Stil daher, doch Erlebnis- und Freizeitwert sind hoch. Bummelzonen um Becken und Stege sowie eine Riesenauswahl an Läden, Restaurants, Pubs und Cafés sorgen für Stimmung. Es gibt Hafenrundfahrten, Bootsverbindungen nach Málaga und Fuengirola, Segeltörns, laternenbesetzte Brückchen, Boutiquen, überteuertes Eis, literweise Sangria, Fisch- und Pizzagerüche, Diskorhythmen und das Aquarium *Sealife (Mo–Fr 10–18, Sa/So 10–20 Uhr | www.visitsealife.com)*.

Der *Parque de la Paloma* mit Spazierwegen und Teichlandschaft liegt ein Stück ins Inland versetzt. Neben dem Grüngelände erwartet Sie der nicht ganz billige Meerespark *Selwo Marina (stark gestaffelte Öffnungszeiten s. Website | selwomarina.es)*. Hauptattraktionen sind Del-

LOW BUDG€T

● Flamenco zum Nulltarif können Sie jeden Mittwoch ab 12 Uhr auf der *Plaza Virgen de la Peña* in *Mijas* erleben – vorausgesetzt, es regnet oder stürmt nicht.

Für *Selwo Aventura* (s. Kapitel „Mit Kindern unterwegs"), den Meerespark *Selwo Marina* und die *Seilbahn von Benalmádena* gibt es einen Saisonpass *(pase de temporada)*, der unbegrenzte Besuche erlaubt.

Im teuren Marbella schlafen Sie günstig in der ganzjährig geöffneten *Jugendherberge Albergue Inturjoven Marbella (C/ Trapiche 2 | Tel. 955181181 | www.inturjoven.com)* in einem der 210 auf 69 Zimmer verteilten Betten. Es gibt sogar einen Sommerpool.

Auch in der Urlaubsmaschine Benalmádena gibts noch stille Winkel: Fassade im Ortsteil Pueblo

phin- und Seelöwenshows, außerdem gibt es ein Pinguinhaus, Piranhas, Pelikane, Flamingos, Leguane und Kaimane.

In Arroyo de la Miel lockt der Vergnügungspark *Tivoli World (stark gestaffelte Öffnungszeiten s. Website | www.tivoli.es)* mit Fahrgeschäften und Rummel. Gleich daneben startet einer der schönsten Schwebeflüge in Spanien: 3 km in der Seilbahn ★ ● *Teleférico Benalmádena (stark gestaffelte Öffnungszeiten s. Website | telefericobenalmadena.com).* Eine Viertelstunde dauert die Fahrt auf den 769 m hohen *Monte Calamorro,* wo kleine Pfade zu mehreren Aussichtspunkten führen. Die Küste liegt Ihnen zu Füßen, in der Ferne zeichnen sich die Konturen Afrikas ab – beeindruckend! Bei starkem Wind kann die Seilbahn vorübergehend geschlossen werden. Im Ticket ist eine Greifvogelschau *(exhibición de aves rapaces)* inbegriffen, bei der Sie beobachten können, wie Weißkopfadler und Gänsegeier über dem Bergmassiv kreisen. Die Anfangszeiten erfragen Sie in der Talstation.

Unterkunft finden Sie u. a. im Apartmenthotel *Vistamar (138 Einheiten | Camino de Gilabert | Tel. 952442827 | €€)* und im schönen Hotel *La Fonda (28 Zi. | C/ Santo Domingo de Guzmán 7 | Tel. 952569047 | www.lafondabenalmadena.es | €€),* dessen Design auf César Manrique zurückgeht. Auskunft in Benalmádena Costa: *Av. Antonio Machado 10 | Tel. 952442494 | www.disfrutabenalmadena.com*

MIJAS (130 B6) (*F6*)

Das blendende Weiß der Häuser, herausgeputzte Gassen, die alte Ortsstruktur – all dies macht den 8 km nördlich hangaufwärts in die Sierra de Mijas gestaffelten Ort (3000 Ew.) attraktiv. Linienbusse von den Ferienstädten hinauf sorgen für eine stressfreie Anreise. Toll sind die Ausblicke in die Küstenebene, sowohl von den Gärten neben den maurischen Burgresten im Oberdorf als auch von der Aussichtspromenade neben dem *Santuario de la Virgen de la Peña.* Das Sanktuarium ist kurios in den

Fels eingesetzt und bewahrt ein Marienbildnis. Ein lächerliches Spektakel geben dagegen die „Eseltaxis" ab, bei denen leibhaftige Grautiere für rot verbrannte Bleichgesichter im Einsatz stehen. Fotos kosten extra – ein Nepp!

Auf unentdeckte Winkel dürfen Sie in Mijas nicht hoffen, Flair hat es trotzdem. Lohnend ist die Ausstellung mit Picasso-Keramiken im Zentrum für Zeitgenössische Kunst *CAC (Okt.–Juni Di–So 10–20, Juli–Sept. 10–14 und 17–21 Uhr | C/ Málaga 28 | www.cacmijas.info).* Dort sind auch Wechselausstellungen zu sehen. Die kleine *Stierkampfarena* steht Besuchern ebenso offen wie das Miniaturenmuseum *Carromato de Mijas (Nov.–Ostern tgl. 10–18, Ostern–Juni und Sept./ Okt. 10–20, Juli/Aug. 10–22 Uhr).* Auskunft: *Av. Virgen de la Peña 2a | Tel. 952589034 | www.mijas.es*

MARBELLA

(129 F4) (*E6*) **Ihren Ruf als Edelpflaster und Promitreff kultiviert die weit ausgeuferte Strandstadt (130 000 Ew.) bis heute.**

Immer einen Hauch schicker, eine Note abgehobener als andernorts muss es sein, ob mit Edelrestaurants, überdimensioniertem Kongresspalast, in Marmor gefassten Palmen oder den nahen Golfplätzen. Kehrseite der Medaille sind Korruptionsskandale, die die Stadt international in die Negativschlagzeilen gebracht haben. In der Altstadt um die Plaza de los Naranjos zeigt sich Marbella trotzdem als stimmungsvolle Schönheit.

CITY **WOHIN ZUERST?**

Auf die **Plaza de los Naranjos!** Auf dem „Orangenbaumplatz" kultiviert Marbella schönstes Altstadtflair. Der Busbahnhof liegt etwas außerhalb in der Avenida del Trapiche, ab dort Stadtbus L3 ins Zentrum. Zentrale Parkhäuser sind u. a. Parking Avenida del Mar, Parking de la Constitución und Parking Edificio Parquesol.

SEHENSWERTES

ALTSTADT

Gassen quer, Gassen längs, mittendrin ein paar Stadtmauerreste und die ★ *Plaza de los Naranjos.* Der Platz ist ein schöner, bunter Treff mit Cafés und Restaurants. Natürlich gehören auch die namengebenden Orangenbäume dazu. Eine Büste in der Mitte des Platzes zeigt Spaniens ehemaligen König Juan Carlos I., Tauben nehmen Brunnenbäder. An einem Platzeck erhebt sich eine Kapelle mit Santo Cristo del Amor, dem „hl. Christus der Liebe". Größer kommt die nahe *Iglesia de Nuestra Señora de la Encarnación* daher, in der bei Hitze die Ventilatoren rotieren.

AVENIDA DEL MAR

An diesem autofreien Straßenstück, das von der Strandpromenade abzweigt, ist eine kleine INSIDER TIPP *Freiluftgalerie* mit Skulpturen von Salvador Dalí zu bewundern. Da sieht man den „Mann auf Delphin", „Don Quijote sitzend", den „Kosmischen Elefanten" und Dalís Ehefrau und Muse Gala mit entblößtem Hinterteil. Brunnen und Blumenbeete locken den Mini-Skulpturenpark auf.

MUSEO DEL BONSAI

Für Freunde dieser Minibäumchen ein Bonsaimuseum mit beachtlicher Sammlung. *Tgl. 10.30–13.30 und 15.15–19.30 (Juli/Aug. 16.30–20) Uhr | Parque Arroyo de la Represa*

MUSEO DEL GRABADO ESPAÑOL CONTEMPORÁNEO

Das Kunstmuseum im Renaissancegebäude des Hospital de Bazán zeigt wechselnde Drucke bekannter Künstler. *Mo–Sa 10–14, Di–Fr außerdem 17–20.30 Uhr | C/ Hospital de Bazán | mgec.es*

PARQUE DE LA CONSTITUCIÓN

Kleiner Stadtpark nahe der Strandpromenade, mit Bambus, Bananenstauden, Zypressen. Angenehm sitzt man im INSIDER TIPP Parkcafé, einem Treff vieler Einheimischer.

ESSEN & TRINKEN

ALTAMIRANO

Typisch spanisch, viele Einheimische, ausschließlich superfrisches Meeresgetier. *Mi geschl. | Plaza Altamirano 3 | Tel. 9 52 82 49 32 | www.baraltamirano.es* | €

BUENAVENTURA PLAZA

Verlockend ist die nette, kleine Terrasse am Kirchplatz. Wechselnde Karte je nach Saison. *Juli/Aug. mittags geschl. | Plaza de la Iglesia de la Encarnación 5 | Tel. 9 52 85 80 69 | www.restaurantebuenaventura.es* | €€€

LES CUBES

Eine Mischung aus Restaurant und Loungebar mit Meerblick. Gelegentlich legen DJs auf. *Tgl. | N340 km 183 | Urbanización Oasis Club | Tel. 9 52 86 83 96 | www.lescubesmarbella.com* | €€€

CASA LOLA

Zweifellos eine der besten Adressen im Zentrum, um originelle Tapas zu genießen. Überaus freundliche Bedienung und guter Service. *Tgl. | Av. Miguel Cano 26 | Tel. 9 51 08 73 08* | €€

EINKAUFEN

Seinem Ruf als edles Einkaufspflaster wird Marbella gerecht *(www.shopping-marbella.com)*. Es gibt reichlich Boutiquen, vor allem in der *Avenida Ricardo*

Besonders zauberhaft präsentiert sich Marbellas Plaza de los Naranjos im Abendlicht

Soriano. Größtes Shoppingcenter ist das *Centro Comercial La Cañada* im Norden an der Straße nach Ojén. Ansonsten ist Puerto Banús immer eine Alternative für die Klientel mit passendem Budget.

STRÄNDE

Der Sporthafen trennt die Strände im Stadtgebiet. Parallel zu den Weststränden verläuft der *Paseo Marítimo,* eine Flanierpromenade, die auch von Radlern und Inlineskatern benutzt wird.

FREIZEIT & SPORT

Der Kartkurs *Funny Beach (funnybeach.com)* liegt außerhalb an der A 7. Tauchkurse buchen Sie z. B. bei *Bucea en Marbella (Tel. 611271521 | www.buceaenmarbella.com).* Mehrere Golfplätze liegen in der Umgebung.

AM ABEND

Gute, keineswegs exaltierte Altstadtstimmung herrscht um die *Plaza de los Naranjos.* Zum Cocktail trifft man sich gerne am Sporthafen. Dauerbrenner im Nightlife ist die orientalisch aufgemachte, sehr exklusive Diskothek *Olivia Valère (Ctra. de Istán km 0,8 | www.oliviavalere.com).*

ÜBERNACHTEN

CASA LA CONCHA

Stilvolles Boutiquehotel abseits des Trubels mit Garten und kleinem Pool. Rechtzeitig reservieren, es gibt nur vier Suiten und sechs Cottages! *C/ Jubrique 45 | Urbanización Rocío de Nagüeles | Tel. 646520883 | www.casalaconcha.com |* €€€

HOTEL LINDA MARBELLA

Zweisternehotel in der Altstadt bei der Plaza del Santo Cristo für alle, die es etwas einfacher, klein (auch bei den Zimmern) und entsprechend günstiger lieben. *16 Zi. | C/ Ancha 21 | Tel. 952857171 | www.hotellindamarbella.com |* €

LA MORADA MÁS HERMOSA

Familiär, klein und mitten in der Altstadt. Einige Zimmer mit Balkon oder kleiner Dachterrasse. Freundlicher Service und ebensolche Ausstattung, gutes Preis-Leistungs-Verhältnis. *7 Zi. | C/ Montenebros 16a | Tel. 952924467 | www.lamoradamashermosa.com |* €€

AUSKUNFT

Glorieta de la Fontanilla | Tel. 952771442 | www.marbellaexclusive.com

ZIELE IN DER UMGEBUNG

PUERTO BANÚS ● (129 F4) (*🗺 E6*)

Schick, schicker, Puerto Banús. Liebend gern wird in Marbellas 5 km südwestlich gelegenem Nachbarort (auch Bootsverbindungen ab/bis Sporthafen Marbella) gezeigt, was man hat. Der Sporthafen gibt den Rahmen für ein Schaulaufen ab, bei dem immer wieder Promis auftauchen und manche Superschickimickis als ihre eigene Karikatur daherstiefeln, mit weißen Highheels und weißen Hündchen, dazu kiloweise Schmuck, Botox, Silikon. Die Wirklichkeit übertrifft gelegentlich die Klischees. Die Marina ist ein Dorado für Studien einer gekünstelten Welt, doch ebenso für Einkehrfreudige. Rund um das weite Hafenbassin reihen sich Restaurants, Cocktailbars und Boutiquen auf, in denen erlesenste Geschmäcker zu erlesensten Preisen bedient werden. Der 1 km lange Sandstrand erstreckt sich ostwärts Richtung Marbella. Hinter dem Sporthafen spielt sich weiteres Leben um die Plaza Antonio Banderas ab.

Beim Boutiquenbummel im Yachthafen Puerto Banús sollten Sie keinen Igel in der Tasche haben

RONDA (129 E3) (*E5*)

Ein Besuch im rund 60 km nordwestlich hoch über einem Abgrund auf Felsmassen erbauten Ronda (37 000 Ew.) ist ein Höhepunkt jeder Andalusienreise. Schon die Anfahrt auf der A 397 durch die Gebirgswelt der Serranía de Ronda ist ein Erlebnis. Der über 100 m tiefe Einschnitt der ★ *Tajo-Schlucht* spaltet die Stadt. Unten fließt der Río Guadalevín, oben spannt sich spektakulär die Brücke über den steinernen Schlund.

Ein INSIDER TIPP Geheimgang mit knapp 200 steilen Stufen durch den Fels hinab zum Fluss beginnt in der *Casa del Rey Moro (tgl. 10–18 Uhr | Cuesta de Santo Domingo 9).* Die Anlage des Treppentunnels (14. Jh.) geht auf die Mauren zurück, die sich damit den Zugang zu Wasservorräten für den Fall einer Belagerung sicherten. Die Casa del Rey Moro wird von hängenden Gärten umgeben, die bis an die Abbruchkante der Schlucht reichen, ein kleines Meisterwerk des Landschaftsarchitekten Nicolas Forestier.

Mit Altstadtgassen, der über einer Moschee erbauten Kirche *Santa María la Mayor (Mo–Sa 10–18, So 10–12.30 und 14–18 Uhr),* dem historisch wertvollen *Palacio de Mondragón* (mit Lokalmuseum), *Arabischen Bädern (Baños Árabes | Mo–Fr 10–18, Sa/So 10–15 Uhr)* und der 1785 eingeweihten *Stierkampfarena (tgl. 10–18, im Sommer bis 20 Uhr | C/ Virgen de la Paz 15)* gibt es abwechslungsreiche Ziele zu entdecken. Ein Bummel über die Plaza de España und durch die Fußgängerzone um die Carrera Espinel sowie ein Spaziergang durch den kleinen Stadtpark *Alameda del Tajo* (besonders schön die Aussichtspromenade mit Blick auf die Sierra de Grazalema) runden den Besuch von Ronda ab.

In idyllischer Umgebung zehn Autominuten von Ronda liegt das Landhotel *Cortijo Las Piletas (8 Zi. | MA 8403 km 0,3 | Tel. 605080295 | www.cortijolaspiletas.com | €)* im Naturpark Sierra de Grazalema. Schöner Poolbereich und freundliche, auskunftsfreudige Gastgeber.

ERLEBNISTOUREN

1 DIE COSTA DEL SOL PERFEKT IM ÜBERBLICK

START: 1 **Málaga** **ZIEL:** 1 **Málaga**	**12 Tage** reine Fahrzeit ca. 18–24 Stunden
Strecke: **ca. 900 km**	

KOSTEN: ca. 1800–2000 Euro/2 Personen (Benzin, Übernachtungen, Eintritte, Essen)

ACHTUNG: Alhambrabesuch (frühzeitig!) und Hotels in 9 **Granada** vorab reservieren!

Einen Cocktail auf dem „Europa-Balkon" trinken, in die Wüstenlandschaft Almerías eintauchen, in weißen Dörfern und beim Besuch der Alhambra in Granada auf den Spuren der Mauren wandeln, sich von der mystischen Bergwelt um Ronda in den

Jeder Zipfel dieser Erde hat seine eigene Schönheit. Wenn Sie Lust haben, die einzigartigen Besonderheiten dieser Region zu entdecken, wenn Sie tolle Tipps für lohnende Stopps, atemberaubende Orte, ausgewählte Restaurants oder typische Aktivitäten bekommen wollen, dann sind diese maßgeschneiderten Erlebnistouren genau das Richtige für Sie. Machen Sie sich auf den Weg und folgen Sie den Spuren der MARCO POLO Autoren – ganz bequem und mit der digitalen Routenführung, die Sie sich über den QR-Code auf S. 2/3 oder die URL in der Fußzeile zu jeder Tour downloaden können.

Bann ziehen lassen, die feinen Tapas in Málagas Altstadt und gegrillten Fisch in einem der Strandrestaurants genießen: Erleben Sie die vielen verschiedenen Gesichter der Costa del Sol!

Sie starten am bestens mit Mietwagenanbietern versorgten Flughafen von ❶ Málaga → S. 64. Wählen Sie als Küstenauftakt das **eine knappe Stunde östlich** gelegene **❷ Nerja → S. 74**. Treffpunkt aller ist hier die große Aussichtsesplanade **Balcón de Europa**. Zum Sonnenuntergang locken Strandbars zum Sundowner, z. B. **am Strand**

TAG 1
❶ Málaga
54 km
❷ Nerja

Bild: *Tajo*-Schlucht in Ronda

TAG 2

13 km

❸ Frigiliana

27 km

❹ Almuñécar

TAG 3–4

151 km

❺ Almería

48 km

❻ San José

TAG 5–7

69 km

❼ Desierto de Tabernas

73 km

El Playazo das **El Varadero** *(Mo geschl.)*, wo regelmäßig Livebands auftreten.

Auf der Landstraße MA-5105 geht es ein paar Kilometer landeinwärts ins malerische ❸ **Frigiliana** → **S. 77**. Auf der Terrasse des INSIDER TIPP **La Esquina** *(Mi geschl. | C/ El Portón 2 | Tel. 693678184 | €)* genießen Sie bei einem Glas Wein leckere Tapas mit französischer Note und eine herrliche Aussicht. **Von den Bergen geht es zurück an die Küste in Richtung Motril. Nach etwa einer halben Stunde erreichen Sie** ❹ **Almuñécar** → **S. 45**. Im Hauptort der Costa Tropical lohnt sich eine Übernachtung, denn vor der Küste Almuñécars lassen sich vom Boot aus Delphine und Wale beobachten. Katamarantouren bietet **Sailandstay** *(www.sailandstay.eu)* an.

Es geht stetig weiter ostwärts, streckenweise durch eine glitzernde, fast surreale Plastikwelt der Treibhäuser. Die Traumburg von ❺ **Almería** → **S. 32** verlockt zu einem Halt, ehe Sie die Fahrt in den **Naturpark Cabo de Gata** fortsetzen und am besten für zwei Nächte Quartier in ❻ **San José** → **S. 41** beziehen. Der nächste Tag ist ein Strandtag: Das kristallklare Wasser an den kleinen, südwestlich von San José gelegenen **Stränden** lockt zum Baden, Schnorcheln und Tauchen vor wildromantischer Küstenszenerie!

Verabschieden Sie sich nun vorübergehend vom Meer und nehmen durch die Halbwüste ❼ **Desierto de Taber-**

nas → S. 37 Kurs auf ⑧ Guadix → S. 62, dessen kuriose Wohnhöhlenkultur einen Stopp lohnt. **Die A 92 führt über den 1380 m hohen Pass Puerto de la Mora weiter nach ⑨ Granada → S. 48**, wo Sie drei Nächte bleiben, um ausreichend Zeit zu haben: für den sagenumwobenen Maurenpalast der **Alhambra**, für Tapatouren, Altstadtbummel, die **Capilla Real**, die **Kathedrale** und das verwinkelte Viertel **Albaicín**.

Westlich von Granada trägt Sie die Autobahn nach ⑩ Antequera → S. 71, von wo Sie den **südlich der Stadt** gelegenen **⑪ Naturpark El Torcal de Antequera** für eine etwa zweistündige Wanderung ansteuern. Versäumen Sie zum Schluss nicht, noch ein paar Schritte zum lohnenden Aussichtspunkt **Mirador las Ventanillas** zu machen!

Weiter nach Südwesten erreichen Sie schließlich ⑫ Ronda → S. 91, ein weiteres typisches Zauberziel in Andalusien. Das Städtchen wird förmlich gespalten durch die **Tajo-Schlucht**, die der Río Guadalevín in Jahrtausenden in den Fels gefressen hat.

Aus der Bergwelt geht es kurvig hinab über weiß an die Hügel gewürfelte Orte wie ⑬ Casares → S. 83 (schöne Blicke von der **Burgruine**!) **an die westliche Costa del Sol,** wo Sie an den langen **Stränden** von **⑭ Estepona → S. 80** einen Badestopp einlegen und ein paar Tapas und eine Erfrischung genießen. Vielleicht haben Sie Glück und vor

⑧ Guadix

54 km

⑨ Granada

TAG 8

111 km

⑩ Antequera

15 km

⑪ Naturpark El Torcal de Antequera

TAG 9

103 km

⑫ Ronda

TAG 10

55 km

⑬ Casares

27 km

⑭ Estepona

26 km

⑮ Marbella

TAG 11–12

38 km

⑯ Mijas

37 km

① Málaga

einem der *chiringuitos* werden gerade duftende *espetos* (Sardinenspieße) gegrillt. **Nächste Etappe ist das legendäre ⑮ Marbella** → **S. 88**. Lassen Sie sich von den zersiedelten Vororten des Jetsetziels nicht abschrecken, sondern besuchen Sie die sehenswerte Altstadt und nehmen Sie unbedingt dort für eine Nacht Quartier. Ein Aperitif oder ein Eis auf der fast kitschig-schönen **Plaza de los Naranjos**: Das hat trotz hoher Touristendichte immer noch ganz erheblichen Charme!

Vorbei an den Urlauberhochburgen Fuengirola und Torremolinos geht es allmählich zurück. Versäumen Sie nicht einen letzten Abstecher ins viel besuchte **⑯ Mijas** → **S. 87** hoch über der Küste. Für **① Málaga** sollten Sie sich noch einen ganzen Tag gönnen: für einen Spaziergang hinauf zum **Castillo de Gibralfaro** mit 360-Grad-Blick über die Metropole der Costa del Sol, für den Besuch des **Picasso-Museums** und des **Centre Pompidou** am Hafen und für den ein oder anderen Tapastopp in der trubeligen **Altstadt**.

2 DIE BERGDÖRFER DER ALPUJARRA

START: ① Granada
ZIEL: ⑧ Trevélez

Strecke:
gut 100 km

1 ½ Tage
reine Fahrzeit
ca. 3 Stunden

KOSTEN: ca. 160–200 Euro/2 Personen (Benzin, Übernachtung, Essen)
MITNEHMEN: Wanderschuhe

ACHTUNG: Unternehmen Sie die Tour möglichst nicht am Wochenende, da dann größere Massen zum Sturm auf die Alpujarra blasen. Falls Sie tiefer in die Welt der Serranoschinken eintauchen möchten, reservieren Sie einen Besuch in der Schinken-Trockenanlage *(18 Euro/Person): Tel. 636121601 | www.interjamon.com*

Schluchten, grüne Flusstäler, weiße Dörfer als Schachtelkunstwerke: Die Bergkette ★ La Alpujarra zählt zu den attraktivsten Landstrichen in Andalusien. Sie schiebt sich zwischen die Südhänge der Sierra Nevada und das Küstengebirge und lässt jedem Wander- und Natufreund den Atem stocken. Nach dem Fall von Granada 1492 zogen sich viele vertriebene Mauren dorthin zurück. Ihr Erbe sind Burgreste, Feldbauterrassen und ausgeklügelte Bewässerungssysteme.

Die erste Etappe ab ❶ **Granada** → S. 48 verläuft recht nüchtern **auf der A 44 bis zur Ausfahrt La Alpujarra/Lanjarón.** Doch auf der **Landstraße A 348** werden Sie bald von der Faszination einer Bergwelt erfasst, in der Oliven, Orangen und Mandeln gedeihen. Halten Sie **an der Einfahrt** in den Mineral- und Heilwasserort ❷ **Lanjarón** kurz an: Die **Touristeninformation** *(Av. de Madrid | Tel. 958770462 | turismo.lanjanet.com)* ist mit Infomaterial behilflich. In Lanjarón, dem „Tor in die Alpujarra", finden Sie auch ein vielfältiges Angebot an Souvenirs und Mitbringseln, von Keramik und Korbwaren bis zu Honig, getrockneten Feigen und Gebäck.

Hinter dem lang gestreckten Städtchen geht es Kurve um Kurve weiter, an Olivenhainen, Agaven, Feigen- und Granatapfelbäumen vorbei. **Kurz vor Órgiva zweigen Sie links auf die Straße nach** ❸ **Pampaneira ab.** Mit seinen engen Gassen, weißen Hausfassaden, Brunnen, bunter Kachelzier und Blumenkübeln neben Hauseingängen ist es eines der malerischsten Dörfer der Provinz Granada. Mercedes Carrascosa zeigt Ihnen in ihrer **Werkstatt** *(www.artesanosalpujarra.com)* **in der Calle Águila,** wie die für den Ort berühmten Flickenteppiche gewebt werden. Mit Käse und Olivenöl aus der Region decken Sie sich dann im Souvenirladen **Bodega La Moralea** *(C/ Verónica 4)* mit in-

TAG 1

❶ Granada

44 km

❷ Lanjarón

23 km

❸ Pampaneira

Alpujarra-Dörfer wie Capileira sprenkeln den Südhang der Sierra Nevada

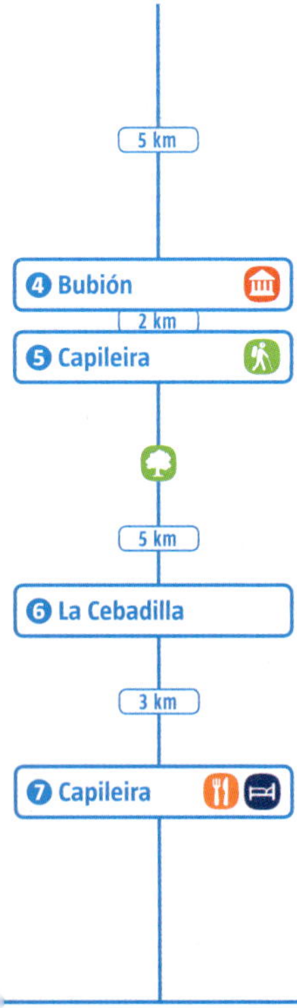

tegrierter Bar ein. Zur Mittagseinkehr steuern Sie am besten **etwas abseits vom Trubel um den Kirchplatz** die **Casa Julio** *(außer im Aug. Di geschl. | Av. de la Alpujarra 9 | Tel. 958 76 33 22 | www.casa-julio.com | €)* mit rustikaler Bergküche an.

Hinter Pampaneira führt ein Abstecher über das lang gestreckte 4 Bubión (bewundern Sie die kunstvollen Kamine!) ins 1420 m hoch gelegene **5 Capileira**. **Hier starten Sie im oberen Ortsteil Castillo auf dem Wanderweg PR-A 69** zu einer 8 km langen Rundwanderung, für die Sie trotz der recht kurzen Distanz etwa dreieinhalb Stunden rechnen sollten. Sie führt durch die Schlucht des Río Poqueira am Fuß des Mulhacén entlang. **Der Pfad führt zunächst in Richtung des Wasserkraftwerks Central Hidroeléctrica del Poqueira. Nach einer knappen Stunde sind Sie im verlassenen Ort 6 La Cebadilla auf 1540 m. Eine Brücke führt über den Fluss; rechts geht es dann auf schmalem Pfad wieder zurück Richtung Capileira. Nun überqueren Sie die Brücke Puente de Abuchite, wandern etwa 1 km bergauf und gelangen so wieder auf den Weg in den Ort.** In **7 Capileira** finden Sie auch Ihr Nachtquartier, z. B. im **Hotel Rural Finca Los Llanos** *(40 Zi. | Tel. 958 76 30 71 | hotelfincalosllanos.com | €);* das angegliederte **Restaurant** ist täglich geöffnet und tischt Ihnen Spezialitäten der Alpujarra auf.

Zurück auf der Hauptstraße, setzen sich die kleinen, beschaulichen Bergdörfer auf dem Weg Richtung Trevélez fort: **zunächst Pitres, dann Pórtugos; zwischen beiden Orten kreuzen Sie den Río Bermejo.** Auf knapp 1500 m Höhe erreichen Sie schließlich **8 Trevélez**, dessen weiße Häuser sich an den Hängen hinaufziehen. Trevélez genießt gleich doppelten Ruhm: zum einen als Spaniens höchstgelegene Ortschaft, als die es sich auf einem Kachelbild ankündigt, zum anderen mit der Produktion von INSIDER TIPP luftgetrocknetem, unter Kennern gerühmtem Serranoschinken. Die meisten Verkaufsläden liegen **im unteren Dorfteil,** wo der würzige Geruch bis auf die Straße zieht und zum Kauf verführt. Verkosten Sie als großes Finale Ihrer Alpujarra-Tour den luftgetrockneten Schinken im Restaurant **La Fragua** *(tgl. | C/ Posadas | Tel. 958858626 | www.hotellafragua.com | €–€€)* mit sagenhaftem Ausblick auf die Hügellandschaft der Alpujarra!

TAG 2

24 km

8 Trevélez

3 AUF DEM MOUNTAINBIKE DURCH DEN NATURPARK CABO DE GATA

START: 1 San José
ZIEL: 1 San José

Strecke:
48 km

1 Tag
reine Fahrzeit
ca. 4 Stunden

KOSTEN: ca. 80 Euro/2 Personen (Radmiete, Essen)
MITNEHMEN: Reparaturkit, Trinkwasser, Verpflegung, Badesachen, Sonnenschutz

ACHTUNG: Radverleih u. a. bei **Deportes Media Luna** *(C/ del Puerto 7 | Tel. 950380462 | medialunaventura.com)*
Es kann extrem heiß werden!
Die Wege in der aufgelassenen Goldmine in **6 Rodalquilar** sind marode, weshalb Sie sie mit äußerster Vorsicht betreten sollten.

Dass der Naturpark Cabo de Gata ein Paradies für Naturfreaks ist, ist längst kein Geheimnis mehr. Statt reichlich Staub zu schlucken bei einem Radtrip südwestwärts zu den schönsten Stränden und zum Kap, führt Sie dieser Ausflug in die entgegengesetzte Richtung: Mit der Nase im Wind geht es zunächst durchs Landesinnere. Energie tanken können Sie am Hafenkai von Las Negras und bei einem Bad in Isleta del Moro, bevor Sie die letzte Etappe angehen, die Sie vorbei an Feigenkakteen und Agaven zurück nach San José führt.

1 San José
3 km
2 El Pozo de los Frailes
6 km
3 Los Escullos
1 km
4 Playa del Arco
5 km
5 Mirador Las Amatistas

10:00 **Auftakt ist das ca. 3 km kurze Stück von 1 San José** **→ S. 41** **bis zum lang gestreckten Dorf 2 El Pozo de los Frailes**, wo ein historisches **Wasserschöpfrad** *(noria)* nachgebaut worden ist. **Kurz hinter El Pozo folgen Sie rechts der Straße nach Los Escullos, Rodalquilar und Las Negras.** Disteln, Feigenkakteen und Agaven zählen zur typischen Vegetation der Gegend.

Ein erster Abzweig bringt Sie nach 3 Los Escullos, wo die wuchtige Festungsanlage des **Castillo de San Felipe** wie ein Fremdkörper wirkt; erbaut wurde sie im 18. Jh., um Seeangriffe abzuwehren. An die Minisiedlung schließt sich die **4 Playa del Arco** an, wo Sie sich erstmals in die Fluten stürzen können. **Zurück auf der Hauptstraße, lassen Sie das weiße Küstendorf La Isleta del Moro rechts liegen,** bevor der Aussichtspunkt **5 Mirador Las Amatistas** ein besonders schönes Küstenpanorama freigibt. **Hinter**

der nächsten Hügelbarriere öffnet sich das ausgedehnte Talbecken Valle de Rodalquilar, **in das Sie mit zehn Prozent Gefälle hinunterrauschen** – der Traum für jeden Mountainbiker! In **6 Rodalquilar → S. 41**, dem am weitesten im Inland gelegenen Punkt der Tour, statten Sie **im Oberdorf** den **verlassenen Goldminen** einen Besuch ab: Sie wecken Erinnerungen an die einstige Goldgräberstimmung in Rodalquilar. Einige der Minen haben beim Dreh von „Indiana Jones und der letzte Kreuzzug" als Kulisse gedient.

13:00 Der Sackgassenort **7 Las Negras markiert den Wendepunkt der Tour.** Dort tischen **am Hafenkai** die urige Bar **La Bodeguyia** *(Mo–Mi geschl. | C/ Bahía de las Negras | €–€€)* **und ein paar Schritte weiter El Salero** *(Mo–Do geschl. | C/ Pescador 11 | €–€€)* Getränke und feine Tapas auf. Schöner als in der dortigen Cala del Cuervo ist ein erfrischendes Bad **auf dem Rückweg in 8 La Isleta del Moro → S. 41**, nachdem Sie den Anstieg aus der Senke von Rodalquilar bewältigt haben.

16:00 Die Rückkehr erfolgt dann – schließlich haben Sie ein Mountainbike gemietet – **ab Los Escullos über die Küstenpiste.** Auf dieser kommen Sie vorbei am historischen **9 Wachturm**, den man vom Ort aus sieht, zurück nach **1 San José → S. 41**. Dort belohnen Sie sich mit einem kühlen Getränk in der Bar **Iruñazarra** *(tgl. | C/ Las Olas)* **in Hafennähe.**

„Badestopp!": Ihr Jubelschrei beim namengebenden Bogen der Playa del Arco

4 MEERESBRISE IN MARBELLA UND BERGLUFT IN DER SIERRA BLANCA

START: ❶ Marbella
ZIEL: ❻ Ojén

Strecke:
➡ gut 40 km

1 Tag
reine Fahrzeit
ca. 45 Minuten

KOSTEN: ca. 100 Euro/2 Personen (Benzin, Essen)
MITNEHMEN: Badesachen, Wanderschuhe, Wasser

ACHTUNG: Die Wanderung ist nur sporadisch mit Richtungswegweisern markiert.

Atmen Sie am Morgen bei einem Spaziergang auf der Strandpromenade das mondäne Flair von Marbella ein. Danach nehmen Sie Kurs auf die Sierra Blanca mit ihren kargen Bergen, die im Rücken der Stadt in den Himmel ragen.

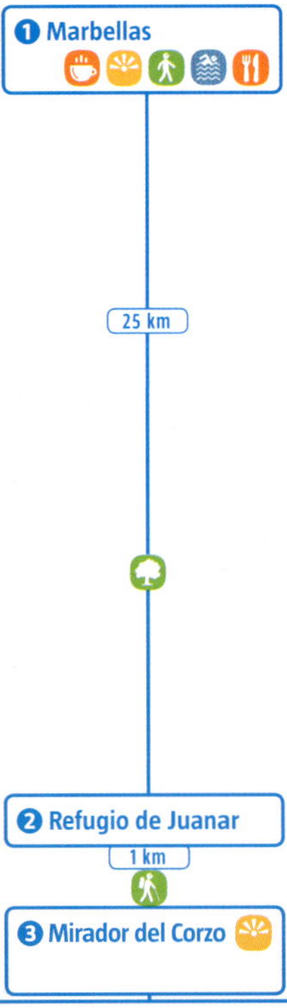

10:00 Nach einem Frühstück mit Meerblick in **❶ Marbellas** **→ S. 88** Restaurant **Cappuccino** *(tgl. | im Hotel Gran Meliá Don Pepe | C/ José Meliá | www.grupocappuccino.com)* verlockt die **Strandpromenade** zu einem ausgiebigen Spaziergang **westwärts auf dem hölzernen Küstenwanderweg.** Wer mag, hüpft zwischendrin ins Meer! Auf dem Rückweg stärken Sie sich **auf Höhe des Yachthafens** im **Garum** *(tgl. | Tel. 952858858 | www.garummarbella.com | €€–€€€)* mit einem Snack.

14:30 **Auf der N 340 Richtung Málaga fahren Sie aus der Stadt hinaus und dann auf der A 7 Richtung Algeciras bis zur Ausfahrt, an der die A 355 Richtung Ojén ausgeschildert ist. Sie lassen Ojén rechts liegen und fahren etwa 10 km weiter, bis Sie links das Schild „El Refugio de Juanar" sehen.** Nun sind Sie mitten in der **Sierra Blanca**. Seinen Namen „Weißes Gebirge" verdankt dieser Gebirgszug der kargen Vegetation. Kastanien- und Kirschbäume sowie kleine Igeltannen wachsen in dieser Gegend, die Lebensraum für Kaiseradler, Rehe und Bergziegen ist. Die Luft ist angefüllt von Pinienduft und an den Hängen zirpen die Zikaden um die Wette.

Am Hotel ❷ Refugio de Juanar starten Sie zu einer leichten, dreistündigen Rundwanderung von gut 8 km Länge. **Die Straße führt Sie zunächst bergauf bis zum ❸ Mirador**

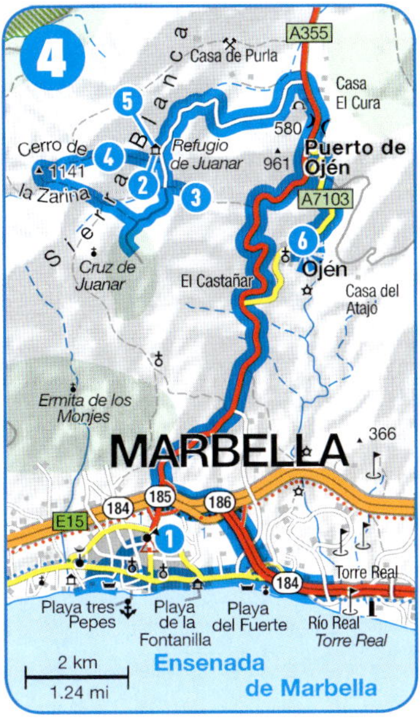

Mal weg von der Küste: unterwegs in der Sierra Blanca beim Refugio de Juanar

del Corzo. Von diesem Aussichtspunkt aus liegt Ihnen Ojén zu Füßen. **Sie folgen weiter der Straße, vorbei am Olivenhain von Juanar, bis zum Pass Puerto de Marbella. Nun orientieren Sie sich zunächst in Richtung Mirador del Macho Montés und steigen danach im Zickzack zum Puerto de la Viborilla auf. An der nächsten Gabelung lassen Sie den Pfad nach Istán links liegen und folgen dem Weg in Richtung Llano de las Arenales. Wieder geht es bergauf bis zum** **4 Puerto de Gurapalo**. Machen Sie hier einen Augenblick Pause, um den sagenhaften Panoramablick zu genießen! **Nun führt der Weg bergab, bis Sie wieder am** **5 Refugio de Juanar** **ankommen.**

6 km

4 Puerto de Gurapalo

1 km

5 Refugio de Juanar

11 km

6 Ojén

18:30 Zum Ausklang empfiehlt sich in **6 Ojén** zunächst ein kurzer Stopp an der frei zugänglichen Karsthöhle **Cueva Alta**. **In der Hauptstraße Calle Carretera liegt der Einstieg mit Aussichtsplattform.** Danach dürfen Sie sich auf die Einkehr im **Castillo Solis** *(Mo geschl. | C/ Ctra. | Tel. 9 52 88 17 10 | €€)* freuen. Auf einer einladenden Terrasse genießen Sie hier typische Tapas wie frittierten Tintenfisch oder gratinierte Muscheln – und als Digestif darf INSIDER TIPP ein im Ort gebrannter *aguardiente* nicht fehlen.

Bild: Mountainbiker in der Sierra Nevada

SPORT & WELLNESS

Biken und Wandern, eine Runde Golf, Tauchgänge in kristallklarem Wasser – fast nichts ist unmöglich. Zu Workouts zwischendurch stacheln öffentliche, kostenlose Fitnessgeräte an, wie sie an vielen Stränden und selbst in kleinen Dörfern der Alpujarra aufgestellt worden sind.

GLEITSCHIRMFLIEGEN

Ein beliebter Spot zum Gleitschirmfliegen *(parapente)* ist das *Valle de Abdalajís,* ein Tal südwestlich von Antequera in der Provinz Málaga. Sowohl Tandemflüge als auch Mehrtageskurse können Sie bei den Schulen *Eolox (www.parapentemalaga.es)* und *Líjar Sur (www.lijarsur.com)* buchen.

GOLF

Costa del Sol gleich „Costa del Golf", so vermarktet sich die Sonnenküste mit dem Vorteil der ganzjährigen Bespielbarkeit der Plätze. Über die Provinz Málaga (gute Übersicht unter *www.malagagolf.com*) verteilen sich mehr als 60 Plätze. Hochbetrieb herrscht im Frühjahr und Herbst, während im Sommer vielfach Sonderangebote locken. Spaniens Golfikone Severiano Ballesteros hat den Platz *Alhaurín Golf (A 387 Alhaurín el Grande–Mijas km 3,4 | www.alhauringolf.com)* mit Aussicht auf die wunderbaren Grünhänge der Sierra de Mijas entworfen. *Mijas Golf (Camino Viejo de Coín | Urbanización Mijas Golf | www.mijasgolf.org)* setzt sich aus den beiden 18-Loch-Plätzen Los Oli-

Zu Land, zu Wasser und in der Luft: Meer und bergiges Hinterland bieten rund ums Jahr ideale Bedingungen für Bewegungshungrige

vos und Los Lagos zusammen. Eine Luxusanlage wie das im Hinterland von Marbella gelegene *Villa Padierna Palace Hotel (Urbanización Los Flamingos Golf | villapadiernapalacehotel.com)* überzeugt mit INSIDER TIPP Zugängen zu gleich drei 18-Loch-Plätzen, das zwischen Málaga und Torremolinos gelegene Hotel *Parador de Málaga Golf (www.parador.es)* bietet einen 18-Loch-Platz und eine Golfschule. In internationalen Rankings wird der *Real Club de Golf Sotogrande (Paseo del Parque | Sotogrande | www.golfsotogrande.com)* oft als einer der besten Plätze Spaniens eingestuft. 1964 gegründet, zählt der 18-Loch-Platz heute zu den renommiertesten Golfplätzen Europas.

RADFAHREN & MOUNTAINBIKING

Fahrradverleih gibt es eher selten – an der Costa del Sol sind wegen der starken Bebauung und des Verkehrs viele Gegenden zum entspannten Radfahren einfach ungeeignet. Schön radeln lässt es sich dafür im Naturpark Cabo de Gata, deutlich anstrengender im Berggebiet der Alpujarra. Für Radfahrer gilt in Spanien grundsätzlich (in Planung), zumindest jedoch außerorts Helmpflicht.

Deutschsprachig begleitete Touren u. a. durch die Sierra Nevada, die Sierra de Gádor und den Naturpark Cabo de Gata bietet das freundliche deutsch-spanische Bikerpaar Christel Steinhauser und Francis Segura Sánchez von INSIDERTIPP *Almería Bike Tours (www.almeria-bike-tours.de)* an. Klassiker ist die komplette Bikewoche inklusive Halbpension (zum Teil ökologische Kost aus Eigenanbau) und Unterbringung auf der bei Pechina unweit von Almería gelegenen Bikestation, einer Finca mit zwei gemütlichen, einfachen Ferienhäusern. Angeboten wird auch eine einwöchige Etappentour um die Sierra Nevada; die Teilnehmer müssen trainiert und in sehr guter körperlicher Verfassung sein.

REITEN

Reitschulen bieten Einzel- und Gruppenstunden – einzeln oder preisgünstiger im Zehnerpaket – sowie Ausritte ins Hinterland an, z. B. bei Estepona die *Escuela de Arte Equestre Costa del Sol (C/ Río Padrón Alto | www.escuela-ecuestre.com)* oder bei Marbella das *Centro Ecuestre Los Caireles (Camino de los Pescadores | Urbanización Hacienda Cortes | www.loscaireles.es)*. Reiterwochen und -wochenenden können Sie u. a. bei *Cabacci (Alcudia de Guadix | Valle del Zalabi | www.cabacci.com)* in der Provinz Granada buchen.

SKIFAHREN

Zwischen November und März zieht es Skifans in die Sierra Nevada, wo in *Pradollano* die *Skistation Sierra Nevada* auf ca. 2100 m liegt. Es gibt Lifte, Materialverleih, Skikurse, reichlich Unterkünfte, Restaurants und allein auf dem Parkplatz Los Peñones Raum für eine Tausendschaft Autos – an Wochenenden kann der Andrang gewaltig sein! Dann empfiehlt sich nicht nur eine Anfahrt im Linienbus ab Granada, sondern auch die rechtzeitige Vorausbuchung einer Unterkunft über die *Reservierungszentrale Sierra Nevada (sierranevada.es)*.

TAUCHEN

Die schönsten Tauchreviere sind der Naturpark Cabo de Gata-Níjar, die Ensenada de las Entinas bei Almerimar, der Bereich zwischen Castell de Ferro und Calahonda, La Herradura bei Almuñécar und die Küste von Benalmádena Costa bis Marbella. Die Felsküste der Costa Tropical ist ein beliebtes Terrain von Tauchschulen wie *Buceo La Herradura (www.buceolaherradura.com)* im Sporthafen Marina del Este. Im Naturpark Cabo de Gata bietet das Tauchzentrum *Isub (C/ Babor 3 | San José | www.isubsanjose.com)* Kurse und Einstiege in die glasklaren Unterwasserwelten an.

WANDERN

Die Gebirgsgegenden der Sierra Nevada und Alpujarra sind beliebte Wanderreviere, wobei Sie keine Beschilderungen im Alpenvereinsstil erwarten dürfen! Infos in den lokalen Touristenbüros wie in Lanjarón oder über die *Federación Andaluza de Montañismo (www.fedamon.com)*. Ein schönes Wandergebiet an der Küste von Almería ist der Naturpark Cabo de Gata. Auf *www.cabogataalmeria.com* finden Sie unter dem Stichpunkt *senderismo* diverse Broschüren von Wanderstrecken zum kostenlosen Download; die

Beschreibungen sind auf Spanisch, aber allein die Karten sind schon Hilfe genug und geben gute Ideen.

WELLNESS

Entlang der Costa del Sol bieten unzählige Spas und Hamams Anwendungen aller Art an. Das *Albayt Spa Resort (Av. Costa Galera 34 | www.albaytresort.com)* in Estepona lockt mit Jacuzzis, Saunen und Dampfbädern sowie Schönheitsbehandlungen und Aromatherapien. Etwas außerhalb von Estepona liegt die Aloe-vera-*Finca Santaverde (Mo–Fr 9–14 und 16–18.30, Aug. 8–15 Uhr | Camino Cala Bujeo | www.santaverde.de)*. Dort erfahren Sie alles über diese Heilpflanze und können Cremes oder Lotionen kaufen. Das Team von *Om-Equilibrium (Paseo Alberto Vidiella 35 | www.om-equilibrium.com)* in Puerto Banús bietet Pilates, Massagen und Detoxprogramme am Ort Ihrer Wahl an. Wer auf das Meeresrauschen nicht verzichten möchte, kann sich auch gleich in einem der balinesischen Betten am Strand von Puerto Banús massieren lassen. Das ● *Hammam Al-Andalus (Plaza de los Mártires 5 | www.hammamalandalus.com)* in Málaga ist mit reich verzierten Bögen und bunten andalusischen Fliesen den arabischen Bädern aus dem 14. Jh. nachempfunden. Dort können Sie sich auf warmen Steinen ausruhen, sich massieren oder Ihre Sinne mit wohlriechenden Aromen betören lassen.

WIND- & KITESURFEN

Wind-, Paddel- und Kitesurfen ist an der Costa del Sol nicht so gefragt und wird nur vereinzelt angeboten. Kurse an der Costa Tropical bietet *Windsurf La Herradura (Paseo Marítimo 34 | www.windsurflaherradura.com)* in La Herradura an. An der Costa de Almería ist *Sail & Surf (Playa Serena | Tel. 659047792)* in Roquetas de Mar eine bewährte Adresse. Kiter finden in Estepona die *Freedom Kite School (Playa Guadalmansa bzw. Ctra. de Cádiz km 164 | Hacienda Beach 86 | www.kitesurfestepona.com)*. *Kitesurf Málaga (www.kitesurfmalaga.com)* hat wechselnde Spots an der westlichen Costa del Sol.

An Costa del Sol und Costa Tropical geht es meist ruhiger zu als im Surferspot Tarifa am Atlantik

MIT KINDERN UNTERWEGS

Spät ins Bett, Schulbeginn erst um neun, zehn Wochen Sommerferien, kein Protest gegen Kinderlärm zu später Stunde – spanische Kinder haben es gut. Das Land gibt sich kinderfreundlich, der Nachwuchs ist meist gern gesehen

ALMERÍA & COSTA DE ALMERÍA

MARIO PARK (133 D6) *(M5)*

Kamikazerutsche, Río Bravo, Black Hole – diese und weitere Attraktionen bürgen im Aquapark von Roquetas de Mar für sommerlichen Wasserspaß. *Mitte Juni–Anfang Sept. tgl. 11–19 Uhr | 23,95 Euro, Kinder (0,90–1,40 m) 16,95 Euro, ab 15.30 Uhr 17,95/12,95 Euro | Camino de las Salinas | www.mariopark.com*

OASYS – PARQUE TEMÁTICO DEL DESIERTO DE TABERNAS

(133 D5) *(M4)*

Prügeleien, ein Duell, der Galgen, Stunteinlagen auf dem Pferd – eine INSIDER TIPP *Westernshow* gibt dem Besuch dieses Westernkulissendorfs mit seinem Saloon, der Bank und dem Sheriff's Office die richtige Würze. Darüber hinaus überrascht der „Wüsten-Themenpark" mit seiner Vielfalt vom Kaktusgarten über Kutschenhalle und *Cancan-Tanzshow (tgl. 13 und 16, im Sommer außerdem 19 Uhr)* bis zum Kinomuseum mit Filmplakaten und historischen Projektoren. Den größten Teil des Geländes nimmt jedoch ein Zoo mit ca. 180 verschiedenen Tierarten ein, u. a. mit Giraffen, Nashörnern und Straußen im Lebensraum Savanne; zwei- bis

Ponyhof und Streichelzoo waren gestern: Wilder Westen, Krokodile, Raubvogelflüge und Schmetterlingstänze

dreimal täglich stehen Papageienshows auf dem Programm. Von Juni bis Mitte/Ende September ist der Poolkomplex geöffnet (im Eintritt enthalten, Badesachen nicht vergessen!). *Juli–Anfang Sept. tgl. 10–21, Ostern–Juni und Rest Sept./Okt. 10–18/19, Nov.–Ostern Sa/So 10–18 Uhr, ca. 15-minütige Westernshows in der Regel um 12 und 17, im Sommer zusätzlich um 20 Uhr | 22,50 Euro, Kinder (3–12 Jahre) 12,50 Euro, außerdem 2,90 Euro Parkplatzgebühr | N 340 km 464 | www.oasysparquetematico.com*

GRANADA & COSTA TROPICAL

PARQUE DE LAS CIENCIAS GRANADA
● (131 E3) (*🗺 J4*)
Ein tropisches Schmetterlingshaus mit frei umherfliegenden Schmetterlingen *(mariposario tropical)*, die Rekonstruktion eines Dolmens, ein Planetarium, der Pavillon „Reise in den menschlichen Körper": Hinter dem allzu strengen Wort „Wissenschaftspark" steckt ein weitläufiges, abwechslungsreiches Museumsge-

lände. Der Schwerpunkt liegt auf kind- und jugendgerechten interaktiven Bereichen. Da lässt sich Energie auf dem Standfahrrad gewinnen, die INSIDER TIPP *Kugelbahn 13* des Schweizer Künstlers Stefan Grünenfelder austesten und mit aufgelegter Hand auf einem Erdbebensimulator die Stärke der Stöße spüren. Regelmäßig angesetzt sind Raubvogelshows *(rapaces en vuelo)* auf dem großen Freigelände. Wahrzeichen des 70 000-m²-Areals ist der *Aussichtsturm (eingeschränkte Zugangszeiten, Di–Sa Mittagspause)* mit seiner Plattform, die auf 37 m Höhe Panoramablicke bis zu den höchsten Gipfeln der Sierra Nevada freigibt. Durch die kostenlosen Ferngläser sind im Winter sogar die Skifahrer auf den Pisten zu sehen! *Di–Sa 10–19, So 10–15 Uhr | 7 Euro, Kinder und Jugendliche bis 18 Jahre 6 Euro, Planetarium (Programme im Regelfall nur auf Spanisch) zusätzlich 2,50/2 Euro | Av. de la Ciencia | www.parqueciencias.com*

PARQUE ORNITOLÓGICO LORO SEXI
(131 E5) *(J5)*
Das wilde Geschrei und Gekrächze weist Ihnen den Weg in den am Hang angelegten Vogelpark von Almuñécar, der an die unteren Ausläufer der Burg grenzt. Etwa 200 Vogelarten werden in den Großkäfigen gehalten, darunter Papageien, Kakadus, Pfauen und Ibisse. Besonders prächtig sind die Federkleider des Kleinen Soldatenaras und des Hyazintharas. Interessant im Freiluftgelände ist auch der Kakteengarten. *Okt.–März tgl. 10.30–14 und 16–18, April–Juni und Sept. 10.30–14 und 17–20, Juli/Aug. 10.30–14 und 18–21 Uhr | 4 Euro, Kinder 2 Euro | Plaza Abderramán*

Siesta am Strand? Aber nur mit Sonnenschutz!

DIE COSTA DEL SOL UM MÁLAGA

CROCODILE PARK (130 B6) *(F6)*
Über 250 Riesenechsen, vom Nilkrokodil bis zum Alligator, leben am Stadt-

rand von Torremolinos im Krokodilpark. Die Freiluft- und Hallentümpel erlauben Beobachtungen aus nächster Nähe. Prachtexemplar ist der zwölf Zentner schwere „Big Daddy", der einen kleinen Harem um sich schart und in einem Rivalenkampf einst ein Stück Schwanz einbüßte. Lohnend ist die Teilnahme an einer der im Eintrittspreis enthaltenen INSIDER TIPP „Kroko-Demos" *(exhibiciones con cocodrilos | in der Regel tgl. 11.30, 13.30 und 15.30, im Sommer auch 17.30 Uhr).* Diese Führungen auf Spanisch und Englisch geben Aufschluss zu Charakteristika und Verhalten der Tiere, die träge an Land verharren und einen Augenblick später pfeilschnell hervorschießen können. Der Nachwuchs der urzeitlichen Kaltblüter ist in der Aufzuchtstation untergebracht. *Juni–Sept. tgl. 10–19, März–Mai und Okt. 10–18, Nov.–Feb. 11–17 Uhr | 15,50 Euro, Kinder (4–12 Jahre) 13 Euro | C/ Cuba 14 | www.cocodrilospark.com*

DIE COSTA DEL SOL UM MARBELLA

INSIDER TIPP MARIPOSARIO DE BENALMÁDENA (130 B6) *(F6)*

Da schillert es grün, türkis, blau, orange: In diesem Schmetterlingshaus nahe dem Buddhatempel von Benalmádena flattern gut 1500 Exemplare aus den verschiedenen tropischen Welten Afrikas, Amerikas und Australiens umher. Da Schmetterlinge im Schnitt nur zwei bis drei Wochen leben, herrscht unter den 150 vertretenen Arten eine gewisse Fluktuation. Das klimatische Umfeld entspricht den Gewohnheiten der Tiere: zwischen 24 und 29 Grad, dazu 80 Prozent Luftfeuchtigkeit. *Tgl. 10–19.30 Uhr | 10 Euro, Kinder (3–12 Jahre) 7,50 Euro, verbilligte Onlinetarife | C/ Muérdago | Av. del Retamar | Benalmádena Pueblo | www.mariposariodebenalmadena.com*

SELWO AVENTURA (130 E4) *(E6)*

Halb Wildfreigehege, halb Zoo: 2000 Tiere leben hier auf einem Riesengelände. Safarifeeling kommt bei den Fahrten mit den regelmäßig verkehrenden Transporttrucks auf. Im Seengebiet Reserva de los Lagos tummeln sich Antilopen und Gazellen, Elefanten und Giraffen haben große Gehege. Zu Fuß ist das Streckennetz lang in Selwo Aventura, doch kein Weg ist zu weit für den Vogelcanyon INSIDER TIPP *Cañón de las Aves.* 340 m lang und bis zu 25 m hoch ist der mit Netzen geschützte Bereich, in dem mehrere Hundert Vögel zwischen Bambussträuchern und Gummibäumen in Halbfreiheit leben. Mittendurch läuft der Besucherweg aufwärts, auf dem Sie nach Ibissen, Marabus und weiteren Arten Ausschau halten. *Mitte Feb.–Okt. tgl. 10–18 (im Sommer bis 19 bzw. 20) Uhr, Nov.–Mitte Feb. nur sporadisch z. B. während der Weihnachtsferien | 24,50 Euro, Kinder (3–10 Jahre) 17 Euro, verbilligte Onlinetarife ab 15,90 Euro | Las Lomas del Monte, ausgeschilderter Abzweig ab km 162,5 der A 7 | www.selwo.es*

Auf das Streichelgehege hat man im Krokodilpark lieber verzichtet

EVENTS, FESTE & MEHR

Folklore und Feuerwerk bei Patronatsfeiern, vibrierende Klänge bei Musikfestivals – in Andalusien gibt es immer einen Anlass, die Fiestafreude lautstark auszuleben. Einzige Ausnahme ist die getragene Stimmung bei den Prozessionen in der Karwoche: Dann schultern in vielen Orten die Mitglieder zahlreicher Bruderschaften Monumentalaufbauten mit religiösen Standbildern, wobei auf jeden der vermummten Träger eine Last von einem Zentner und mehr entfällt.

FESTE & VERANSTALTUNGEN

JANUAR

Am 2. Jan. ***Fiesta de la Toma*** in Granada zur Erinnerung an die Einnahme der Stadt durch die christlichen Truppen im Jahr 1492

Am 5. Jan. abends vielerorts ***Dreikönigsumzüge*** *(Cabalgatas de los Reyes Magos)* mit geschmückten Wagen, Musikgruppen und teils auch Bonbonbombardements

MÄRZ/APRIL

Während der Karwoche *(Semana Santa)* finden in vielen Orten beeindruckende ***Büßerprozessionen*** statt, die sich oft stundenlang hinziehen. In Granada und Málaga gibt es jeweils über 30 Bruderschaften und ebenso viele Prozessionen zwischen Palm- und Ostersonntag. Traditionelle Höhepunkte sind Gründonnerstag und Karfreitag.

MAI

Am 3. Mai ***Cruces de Mayo*** („Fest der Maikreuze"), ein Frühjahrsfest mit reichem Blumenschmuck in den Straßen, u. a. in Granada und Almería

ENDE MAI/ANFANG JUNI

Großes ***Fronleichnamsfest*** *(Feria del Corpus)* in Granada

JUNI

Um den 11. Patronatsfest in Marbella, die ***Feria de San Bernabé***

ENDE JUNI–MITTE JULI

Gegen Ende Juni Beginn des ***Festival de Música y Danza in Granada*** *(www.granadafestival.org)* mit Ballett, INSIDER TIPP Flamencodarbietungen und klassischen Konzerten

JULI

Zu Monatsbeginn Tanz, Konzerte und Umzug mit Großkopfpuppen beim ***Stadtfest*** in Estepona

JULI/AUGUST

INSIDER TIPP **Starlite** *(www.starlitemarbella.com):* Einzigartig ist die Kulisse des Sommerfestivals in einer Open-Air-Disco in einem ehemaligen Steinbruch bei Marbella. Musik, Mode, Kunst, Kino und Gastronomie

AUGUST

Am ersten Samstag zieht es Tausende zum INSIDER TIPP **Neujahrfest** *(Fiesta de Nochevieja)* ins Alpujarra-Dorf Bérchules; Grund für den ungewöhnlichen Termin: ein Stromausfall bei Neujahrsfeiern Mitte der 1990er-Jahre. Zur Sicherheit feiert man seither vor oder nach.

Am 15. in Cómpeta INSIDER TIPP Weinfest mit Folklore bei der **Noche del Vino**

Etwa ab Monatsmitte **Stadtfest** *(Feria)* in Málaga, begleitet von Umzügen, Konzerten, Flamenco, Feuerwerk. Weitere **Stadtfeste** in der zweiten Augusthälfte in Antequera und Almería; am Monatsende Beginn der **Feria** in Guadix mit Feuerwerk

SEPTEMBER

Zu Monatsanfang **Touristentag** in Torremolinos mit großer Paellaverteilung und Pferdekutschenschau, **Stadtfest Pedro Romero** in Ronda und **Patronatsfest** in Mijas

Flamencofestival im Stadtviertel Albaicín in Granada

OKTOBER

Um den 10. **Feria** in Fuengirola

FEIERTAGE

Fällt ein Feiertag auf einen Sonntag, wird er meist am Montag nachgeholt.

1. Jan.	*Año Nuevo*
6. Jan.	*Reyes Magos*
28. Feb.	*Día de Andalucía*
März/April	Gründonnerstag *(Jueves Santo)*
März/April	Karfreitag *(Viernes Santo)*
1. Mai	*Día del Trabajo*
15. Aug.	*Asunción de Nuestra Señora*
12. Okt.	Gedenktag an die Entdeckung Amerikas *(Día de la Hispanidad)*
1. Nov.	*Todos los Santos*
6. Dez.	Tag der Verfassung *(Día de la Constitución)*
8. Dez.	Mariä Empfängnis *(Inmaculada Concepción)*
25. Dez.	*Navidad*

LINKS, BLOGS, APPS & CO.

LINKS & BLOGS

www.aktuelle.es Die kostenlose Onlineausgabe des Magazins „Spanien aktuell", das an der Costa del Sol erscheint, bietet entsprechend viel Lokalkolorit, Infos, Reisestorys, aber auch offene Worte und kritischer Umgang mit neuesten Entwicklungen

www.costanachrichten.com Hält Sie mit entsprechenden Unterrubriken über alles Wissenswerte an der Costa del Sol, Málaga und der Costa de Almería aktuell auf dem Laufenden

www.andaluz.tv Nicht nur Onlinenews aus Andalusien mit Rubriken zu Golf, allgemeinen Regionalnachrichten und Wetter – hier klicken Sie sich auch zu diversen Webcams an der Costa del Sol und in der Sierra Nevada durch

www.marcopolo.de/costadelsol Alles auf einen Blick zu Ihrem Reiseziel: interaktive Karten inklusive Planungsfunktion, Impressionen aus der Community, aktuelle News und Angebote ...

www.spainbymikerandolph.com Eine private Bloggerwebsite von Mike Randolph auf Englisch. Kurze Texte und eine prägnante Bebilderung lohnen den Klick; einzig die Kaufhinweise auf eigene Produkte stören

www.landlinien.de Auf dem privaten Blog der deutschen Designerin Daniela Klütsch können Sie sich Anregungen zum nachhaltigen Reisen und vor allem für Wandertouren in Andalusien holen

www.malagaweb.com/deutsch/blog News aus Málaga und Umgebung, auch zu Veranstaltungen, sowie Infos zu Nerja und Torremolinos

www.wandern-in-andalusien.de Dieser virtuelle Wanderführer versorgt Sie mit Wanderkarten, Routenbeschreibungen und hilfreichen Tipps zum Wandern im Hinterland der Costa del Sol und im übrigen Andalusien

Egal, ob für Ihre Reisevorbereitung oder vor Ort: Diese Adressen bereichern Ihren Urlaub. Da manche sehr lang sind, führt Sie der short.travel-Code direkt auf die beschriebenen Websites. Falls bei der Eingabe der Codes eine Fehlermeldung erscheint, könnte das an Ihren Einstellungen zum anonymen Surfen liegen

LINKS & BLOGS

blog.granada-reisen.de Kleine Fundgrube mit Tipps zu Granada, zur Costa Tropical sowie zur Sierra Nevada und der Alpujarra

costablog.com Dieser englischsprachige Blog deckt eine breit gefächerte Themenauswahl ab

www.andalusien-forum.com Plattform für Urlauber und Andalusienliebhaber. Anregungen, Ausflugstipps sowie Videos von verschiedenen andalusischen Regionen

www.spanien-treff.de Austausch der Community, Wissenswertes im Magazin

www.diariodeunalemol.com Blogger André Höchemer lebt als Dolmetscher und Übersetzer in Spanien; hier schreibt er über seine Wahlheimat – inklusive interkultureller Missverständnisse

short.travel/cds1 Berichte, Tipps und Erfahrungen der Travelpod-Community, irgendwo zwischen tiefgründig und oberflächlich, zwischen kaum erwähnens- und äußerst wissenswert. Auch reichlich Bilder und Videos

VIDEOS & MUSIK

canalflamenco.radio.de Hören Sie sich rein in Flamenco!

short.travel/cds2 Ein 45-minütiges ZDF-Reisefeature über Andalusien mit dem Untertitel „Promis, Piratendörfer, alte Pracht"

short.travel/cds3 „Sonne, Siesta und Saudade": 45-minütiger Dokumentarfilm über Andalusien, den der öffentlich-rechtliche Sender Phoenix ausgestrahlt hat

www.spain-holiday.com/Granada-city Citytour durch Granada; auf Englisch

APPS

Cityguide Granada Ein Stadtführer durch Granada fürs I-Phone; in ähnlicher Form auch für Málaga erhältlich

Beaching App Costa del Sol Infos über Strände und Freizeitmöglichkeiten an der Costa del Sol

PRAKTISCHE HINWEISE

ANREISE

Internationale Flughäfen liegen in Málaga (groß) und Almería (klein). Je nach Saison gibt es viele Verbindungen, doch die Pläne der Airlines wechseln häufig. Verbindungen und Preise checkt man gut unter *www.opodo.de* oder direkt bei den Airlines. Die spanische Fluglinie Iberia bietet in Zusammenarbeit mit der staatlichen Eisenbahngesellschaft Renfe ein Ticket an, das Flüge mit Bahnfahrten im Hochgeschwindigkeitszug AVE kombiniert. Kunden, die mit Iberia, Iberia Express oder Air Nostrum nach Spanien fliegen, können gleich ein Ticket für den AVE nach Málaga mitbuchen. Auch die Fahrt mit den Nahverkehrszügen *cercanías* zwischen dem Iberia-Hub am Flughafen Madrid und den Madrider Fernbahnhöfen ist inbegeriffen.

Etwa zweieinhalb bis drei Tage müssen Sie für die Anreise mit dem Auto einkalkulieren, wenn man die Entfernungen bedenkt – z. B. Stuttgart–Almería 2100 km, Hamburg–Granada 2600 km. Je nach Ausgangspunkt kommt entweder die Strecke Paris–Bordeaux–San Sebastián–Madrid oder Lyon–Barcelona–València in Betracht.

Der Anreisemarathon in der Bahn kann bis zu 30 Stunden dauern, wobei mehrfach der Zug zu wechseln und der Preis höher ist als ein frühzeitig gebuchter Flug. Die staatliche Eisenbahngesellschaft Renfe bietet für ausländische Touristen den Renfe Spain Pass *(www.renfe.com/viajeros/viajes_internacionales/spainpass)* an, der für alle AVE-Hochgeschwindigkeitszüge auf Lang- und Mittelstrecken sowie für die Nahverkehrszüge ins Zentrum und zum Flughafen von Málaga gilt. *www.bahn.de, www.renfe.com*

Die Busse der *Eurolines (Tel. 06196 2 07 85 01 | www.eurolines.de)* bedienen ab diversen deutschen Städten regelmäßig Andalusien, u. a. Granada, Málaga und Almería. Je nach Abfahrtsort und Destination sind Sie 35–40 Stunden unterwegs.

GRÜN & FAIR REISEN

Auf Reisen können auch Sie viel bewirken. Behalten Sie nicht nur die CO_2-Bilanz für Hin- und Rückreise im Hinterkopf *(www.atmosfair.de; de.myclimate.org)* – etwa indem Sie Ihre Route umweltgerecht planen *(www.routerank.com)* –, sondern achten Sie auch Natur und Kultur im Reiseland *(www.gate-tourismus.de; www.ecotrans.de)*. Gerade als Tourist ist es wichtig, auf Aspekte wie Naturschutz *(www.nabu.de; www.wwf.de)*, regionale Produkte, wenig Autofahren, Wassersparen und vieles mehr zu achten. Wenn Sie mehr über ökologischen Tourismus erfahren wollen: europaweit *www.oete.de*; weltweit *www.germanwatch.org*

AUSKUNFT

SPANISCHES FREMDENVERKEHRSAMT

– Lietzenburger Str. 99 | 10707 Berlin | Tel. 030 8 82 65 43 | berlin@tourspain.es

– Walfischgasse 8 | 1010 Wien | Tel. 01 5 12 95 80 11 | viena@tourspain.es

Von Anreise bis Zoll

Urlaub von Anfang bis Ende: die wichtigsten Adressen und Informationen für Ihre Reise an die Costa del Sol

– *Seefeldstr. 19 | 8008 Zürich | Tel. 0442536050 | zurich@tourspain.es*

Informationen in Spanien sind im jeweiligen örtlichen Fremdenverkehrsamt *(oficina de turismo)* erhältlich; beim dort ausgegebenen Material ist auf Angaben wie Adressen, Öffnungszeiten und Eintrittspreise allerdings nicht immer hundertprozentig Verlass!

TOURISMUSPORTALE IM INTERNET
www.visitacostadelsol.com ist das offizielle Tourismusportal zu Málaga und der Costa del Sol, auch auf Deutsch, und bietet eine breite Themenpalette. Weitere nützliche Portale sind u. a.:
www.spain.info;
sierranevada.es;
www.turismoalmeria.com;
www.andalucia.org;
www.granadatur.com;
www.turgranada.es;
www.turismodealmeria.org

AUTO

Die Höchstgeschwindigkeit beträgt innerorts 50 km/h, auf Landstraßen – abhängig von der Beschilderung – 90 bzw. 100 km/h, auf Autobahnen 120 km/h, auf einigen Strecken 130 km/h. Die Promillegrenze liegt bei 0,5. Fahrzeuge dürfen nicht privat abgeschleppt werden, dafür sind ausschließlich autorisierte Abschleppdienste zuständig. Ins Auto gehören obligatorisch zwei Warndreiecke und eine reflektierende Warnweste. Man unterscheidet zwischen gebührenpflichtiger Autobahn *(autopista)* und autobahnähnlicher, gebührenfreier Schnellstraße *(autovía)*.

Spaniens Unfallraten rangieren leider auf einem der Spitzenplätze in Europa. Auf Zebrastreifen sollte niemand sein Recht einfordern, Sicherheitsabstand ist häufig ein Fremdwort und das Anfahren bei Rot eine unausrottbare Unsitte. Wer bei Verstößen von der Polizei erwischt wird, muss tief in die Tasche greifen, z. B. bei der Handybenutzung am Steuer, bei – auch geringen – Geschwindigkeitsüberschreitungen oder beim Falschparken. Die Bußgelder liegen in der Regel deutlich über den deutschen Sätzen und beim Falschparken bleibt es nicht ohne Weiteres beim Bußgeld, sondern es wird oft direkt der Abschleppwagen bestellt. Nicht in Spanien Gemeldete müssen alles sofort vor Ort bezahlen!

DIPLOMATISCHE VERTRETUNGEN

DEUTSCHES KONSULAT
C/ Mauricio Moro Pareto 2 | Edificio Eurocom, Bloque Sur | Málaga | Tel. 952363591 | www.spanien.diplo.de

ÖSTERREICHISCHES KONSULAT
Alameda de Colón 26 | Málaga | Tel. 646060972 | www.bmeia.gv.at

SCHWEIZER BOTSCHAFT
C/ Núñez de Balboa 35a | Edificio Goya, 7. OG | Madrid | Tel. 914363960 | www.eda.admin.ch/madrid

EINREISE

Für EU-Bürger reicht der Personalausweis. Bei der Einreise aus Schengenländern findet in der Regel keine Kontrolle statt.

FKK

Oben ohne ist verbreitet, ganz ohne geht es nur an explizit ausgewiesenen Stränden *(playas naturistas)* wie Cantarriján an der Costa Tropical bzw. abgelegenen Buchten wie am Cabo de Gata.

FOTOGRAFIEREN

Speicherkarten und CDs sind in Spanien teurer, während Markenbatterien oft billiger zu haben sind. Vereinzelt gilt in Museen ein Fotografierverbot.

GELD & KREDITKARTEN

Geldautomaten und die gängigen Kreditkarten wie Visa sind weit verbreitet. Bei Kartenzahlung wird allerdings gelegentlich ein Ausweis verlangt. Bei der Bezahlung mit 100-Euro-Scheinen kann es vereinzelt zu Problemen kommen.

GESUNDHEIT

In Spanien gilt die Europäische Krankenversicherungskarte EHIC. Ein Anspruch auf freie Arztwahl besteht jedoch nicht, Sie müssen sich an das jeweilige örtliche Gesundheitszentrum *(centro de salud)* wenden. Deutschkenntnisse darf niemand erwarten und Zahnbehandlungen sind grundsätzlich aus den Leistungen ausgeklammert. Daher wenden sich manche Urlauber lieber an deutschsprachige Privatärzte, von denen sich einige an der Costa del Sol niedergelassen haben. Die Notfallabteilung eines Krankenhauses heißt *emergencias;* die Wartezeiten können dort allerdings sehr lang sein und die Behandlung entspricht nicht immer der Erwartung. Wer eine Reisekrankenversicherung abschließt, sollte das berühmte Kleingedruckte studieren, vor allem zur Kostenerstattung.

Apotheken *(farmacias)* finden Sie flächendeckend und sie sind gut ausgestattet. Manche Medikamente gibt es rezeptfrei und deutlich billiger als daheim.

INTERNETZUGANG & WLAN

Serviceorientierte Hotels bieten ihren Kunden Terminals und WLAN an, das auf Spanisch *wifi* heißt. Ob kostenfrei oder nicht, hängt allerdings vom Haus ab. In öffentlichen Bibliotheken ist die Benutzung von Internetterminals gegen Vorlage von Pass oder Personalausweis im Regelfall kostenlos, Sie müssen aber mit Wartezeiten und älteren Geräten rechnen. Kommerzielle Internetzentren sind häufig Telefonzentralen *(locutorios)* angeschlossen. Bei den Adressen herrscht erfahrungsgemäß eine große Fluktua-

SPANISCHE ADRESSEN

Adressen werden in Spanien gelegentlich ohne Hausnummer angegeben; in diesem Fall lautet der Zusatz *sin número,* abgekürzt „s/n“. Jedermann vor Ort weiß halt, wo die genaue Adresse ist. Folgt auf eine angegebene Hausnummer noch eine Ziffer, bezeichnet diese das Stockwerk; als weiterer Zusatz kann ein Buchstabe Aufschluss geben, wo genau die Wohnung auf der Etage liegt: Dabei steht D für *derecha* (rechts), I für *izquierda* (links) und C für *centro* (Mitte). Ein B *(für bajo)* bedeutet Erdgeschoss.

tion und auch die Preise schwanken erheblich. Gehen Sie als Richtwert von 1–2 Euro pro 30 Minuten aus.

KLIMA & REISEZEIT

Im Sommer herrscht Highlife und eine zuweilen drangvolle Enge an den Stränden der Costa del Sol, während man im milden Herbst und Winter die Stille genießt – zum Baden ist das Wasser allerdings ab November meist zu kalt. Die Temperaturen des Mittelmeers liegen ab Januar bis in den April hinein bei höchstens 15 Grad. Herbst und Frühjahr sind ideale Jahreszeiten zum Wandern und Radfahren, aber auch für einen Citytrip nach Granada und ausgedehntere Rundfahrten. So entgehen Sie der sommerlichen Hitze, die mancherorts bis 40 Grad reicht, und den Warteschlangen und Staus.

MEDIEN

In manchen Hotels können Sie deutsche Fernsehprogramme empfangen. Deutsche Zeitungen und Zeitschriften sind in Urlaubszentren sowie allen größeren, in der Saison auch in kleineren Orten erhältlich. Regionalzeitungen wie „Ideal" (Provinz Granada) und „Sur" (Provinz Málaga) dienen als wichtige Infoquelle für Veranstaltungen.

MIETWAGEN

Autoverleiher sind vielfach vertreten, auch an den Flughäfen von Málaga und Almería. Es empfiehlt sich, das Auto von daheim aus zu mieten, was nicht nur die Verfügbarkeit des Fahrzeugs garantiert, sondern auch eine Menge Geld sparen kann. Wochenpreise für kleine Modelle beginnen bei etwa 130 Euro inklusive freien Kilometern und Vollkaskoversicherung, doch die Angebote schwanken. Gute Vergleichsmöglichkeiten geben Vermittler wie der mehrfache Testsieger *www.billiger-mietwagen.de.* Die Vorlage einer Kreditkarte wird vorausgesetzt. Achten Sie auf finanzielle Fallstricke wie die Tankregelung *(política de gasolina):* Die „Politik" besteht nämlich häufig darin, dass bei Übernahme des Fahrzeugs eine vorab nicht ausgewiesene Zusatzsumme für den gefüllten Tank zu entrichten ist, je nach Wagentyp zum Teil über 100 Euro. Den Wagen kann man dann zwar mit leerem Tank zurückgeben, doch das vorab Kassierte liegt um Längen über einer Komplettbefüllung.

WAS KOSTET WIE VIEL?

Kaffee	um 1,30 Euro *für einen café solo*
Benzin	um 1,40 Euro *für 1 l Super*
Busfahrt	um 8–10 Euro *für 100 km*
Mittagessen	ab 9 Euro *für ein Tagesmenü*
Alhambra	14 Euro *für den Eintritt (ohne Gärten)*
Souvenir	4–5 Euro *für einen kleinen Keramikteller*

NOTRUF

Allgemeiner Notruf: *Tel. 112.* Die Polizei heißt *policía,* die Feuerwehr *bomberos.*

ÖFFENTLICHE VERKEHRSMITTEL

Das Busnetz ist hervorragend ausgebaut, das Preisniveau recht niedrig. Jeder größere Ort verfügt meist über einen Busbahnhof *(estación de autobuses)*. Wer an der Costa del Sol auf die zwischen Málaga und Fuengirola pendelnden Nahverkehrszüge *(trenes de cercanías / www.renfe.com)* der spanischen Eisenbahngesellschaft Renfe umsattelt, umgeht die häufigen Staus.

ÖFFNUNGSZEITEN

In Spanien gibt es keine geregelten Ladenschlusszeiten. Überwiegend sind die Geschäfte montags bis freitags von 9.30 oder 10 bis 13.30 oder 14 und von 16.30 oder 17 bis 20 Uhr geöffnet, samstags mitunter nur vormittags. In Urlaubszentren sind viele Geschäfte in der Saison durchgehend und bis spät in den Abend geöffnet.

POST

Briefe bis 20 g und Postkarten in EU-Länder sowie die Schweiz brauchen wenige Tage Laufzeit, das Porto steigt immer zu Jahresbeginn. Briefmarken *(sellos)* sind in Postämtern und Tabakläden *(estancos)* erhältlich, die Sie an der Aufschrift „Tabacos" erkennen.

PREISE

Obgleich das Einkommensniveau deutlich unter dem in Deutschland liegt, sind die Lebenshaltungskosten in Spanien in etwa gleich. Benzin, öffentlicher Verkehr und Dienstleistungen sind allerdings preiswerter als in Deutschland, Österreich oder der Schweiz, ebenso ein Glas Wein und ein Häppchen in der Bar. Die Eintrittspreise in Sehenswürdigkeiten und Museen liegen meist bei 2,50–4 Euro, berühmte Ziele wie etwa das Picasso-Museum in Málaga oder die Höhle in Nerja beim Doppelten bis Dreifachen. Aqua- und Freizeitparks langen generell kräftig zu.

STROM

Die Netzspannung beträgt auch in Spanien 230 Volt, Steckeradapter sind nicht erforderlich.

TAXI

Ein Heranwinken an der Straße ist nicht üblich, dafür gibt es Taxistände bzw. telefonische Bestellung. Das Taxifahren ist vergleichsweise günstig, Anhaltspunkt: ca. 1–1,50 Euro/km zuzüglich Grundgebühr und unter Umständen diversen Aufschlägen.

TELEFON & HANDY

Bei Auslandsgesprächen wählt man die Vorwahl 00, dann die Landeskennzahl (Deutschland 49, Österreich 43, Schweiz 41), die Ortsvorwahl ohne die Null und die Teilnehmernummer. Die Vorwahl nach Spanien ist 0034, danach wählen Sie die komplette Rufnummer. Innerhalb Spaniens ist keine Ortsvorwahl erforderlich.

Handys sind komplikationslos benutzbar und suchen sich automatisch den frequenzstärksten Netzbetreiber. Telefonläden verkaufen spanische Prepaidkarten *(tarjeta prepagada)*, mit denen Sie Roaminggebühren sparen. Teure „Servicenummern" beginnen in Spanien mit 901 oder 902, Handynummern mit einer 6 oder einer 7.

TRINKGELD

Im Restaurant geben zufriedene Gäste etwa fünf Prozent des Rechnungsbetrags, in Bars und Cafés rundet man den Betrag allenfalls ein wenig auf. Das Zimmerpersonal im Hotel wird sich über 1 Euro pro Tag freuen.

UNTERKUNFT

Die Auswahl reicht von der einfachen Pension (*pensión;* noch schlichter ist eine *fonda*) über den Gasthof *(hostal)* bis zu Hotels, die mit einem bis fünf Sternen klassifiziert sind. Eine gute Übersicht über Campingplätze bietet die Website *www.vayacamping.net.* Landhotels und Designhotels in der Stadt vermittelt die Kette *Rusticae (www.rusticae.es).* Tipps zu Unterkünften auf dem Land *(turismo rural)* finden Sie auf *www.raar.es,* zu Landhäusern in der Bergregion Alpujarra u. a. auf *www.turismoalpujarra.com.*
Die Unterkunftpreise verstehen sich in Spanien meist ohne Frühstück, nur vereinzelt schließen Hotels das Frühstück ein. Falls nicht, ist man preiswerter und meist auch besser in einer Bar oder einem Café nebenan aufgehoben. Achtung: Gelegentlich ist auch die Mehrwertsteuer IVA nicht eingerechnet. Wer ein Doppelbett *(cama matrimonial)* wählt, schläft oft auf einer Breite von lediglich 1,35 m. Wer es lieber breiter hat, wählt separate Betten *(camas separadas).*

ZOLL

Innerhalb der EU dürfen alle Waren für den persönlichen Gebrauch frei ein- und ausgeführt werden. Richtwerte hierfür sind u. a. 800 Zigaretten und 10 l Spirituosen. Für Schweizer gelten erheblich geringere Freimengen, u. a. 5 l Wein und 1 l Spirituosen.

WETTER IN MÁLAGA

	Jan.	Feb.	März	April	Mai	Juni	Juli	Aug.	Sept.	Okt.	Nov.	Dez.
Tagestemperaturen in °C	16	17	18	21	23	27	29	29	27	23	19	17
Nachttemperaturen in °C	8	9	11	13	16	19	21	22	20	16	12	9
Sonnenschein Stunden/Tag	6	6	6	8	10	11	11	11	9	7	6	5
Niederschlag Tage/Monat	5	5	6	3	2	1	0	0	2	4	6	5
Wassertemperaturen in °C	15	14	14	15	17	18	21	22	21	19	17	16

Sonnenschein Stunden/Tag · Niederschlag Tage/Monat · Wassertemperaturen in °C

SPRACHFÜHRER SPANISCH

AUSSPRACHE

c	vor „e" und „i" stimmloser Lispellaut wie englisches „th"
ch	stimmloses „tsch" wie in „tschüss"
g	vor „e, i" wie deutsches „ch" in „Bach"
gue, gui/que, qui	das „u" ist stumm, wie deutsches „ge", „gi"/„ke", „ki"
j	immer wie deutsches „ch" in „Bach"
ll, y	wie deutsches „j"
ñ	wie deutsches „nj"

AUF EINEN BLICK

ja/nein/vielleicht	sí/no/quizás
bitte/danke	por favor/gracias
Hallo!/Auf Wiedersehen!/Tschüss!	¡Hola!/¡Adiós!/¡Hasta luego!
Gute(n) Morgen!/Tag!/Abend!/Nacht!	¡Buenos días!/¡Buenos días!/¡Buenas tardes!/¡Buenas noches!
Entschuldige!/Entschuldigen Sie!	¡Perdona!/¡Perdone!
Darf ich ...?	¿Puedo ...?
Wie bitte?	¿Cómo dice?
Ich heiße ...	Me llamo ...
Wie heißen Sie?/Wie heißt Du?	¿Cómo se llama usted?/¿Cómo te llamas?
Ich komme aus ...	Soy de ...
Deutschland/Österreich/Schweiz	Alemania/Austria/Suiza
Ich möchte .../Haben Sie ...?	Querría .../¿Tiene usted ...?
Wie viel kostet ...?	¿Cuánto cuesta ...?
Das gefällt mir (nicht).	Esto (no) me gusta.
gut/schlecht	bien/mal
kaputt/funktioniert nicht	roto/no funciona
zu viel/viel/wenig/alles/nichts	demasiado/mucho/poco/todo/nada
Hilfe!/Achtung!/Vorsicht!	¡Socorro!/¡Atención!/¡Cuidado!
Krankenwagen/Polizei/Feuerwehr	ambulancia/policía/bomberos
Darf ich hier fotografieren?	¿Podría fotografiar aquí?

DATUMS- & ZEITANGABEN

Montag/Dienstag/Mittwoch	lunes/martes/miércoles
Donnerstag/Freitag/Samstag	jueves/viernes/sábado
Sonntag/Werktag/Feiertag	domingo/laborable/festivo

¿Hablas español?

„Sprichst du Spanisch?" Dieser Sprachführer hilft Ihnen, die wichtigsten Wörter und Sätze auf Spanisch zu sagen

heute/morgen/gestern	hoy/mañana/ayer
Stunde/Minute/Sekunde/Augenblick	hora/minuto/segundo/momento
Tag/Nacht/Woche/Monat/Jahr	día/noche/semana/mes/año
jetzt/sofort/früher/später	ahora/enseguida/antes/después
Wie viel Uhr ist es?	¿Qué hora es?
Es ist drei Uhr./Es ist halb vier.	Son las tres./Son las tres y media.
Viertel vor vier/Viertel nach vier	cuatro menos cuarto/cuatro y cuarto

UNTERWEGS

offen/geschlossen/Öffnungszeiten	abierto/cerrado/horario
Eingang/Einfahrt/Ausgang/Ausfahrt	entrada/acceso/salida/salida
Abfahrt/Abflug/Ankunft	salida/salida/llegada
Toiletten/Damen/Herren	aseos/señoras/caballeros
frei/besetzt	libre/ocupado
(kein) Trinkwasser	agua (no) potable
Wo ist ...? /Wo sind ...?	¿Dónde está ...? /¿Dónde están ...?
links/rechts	izquierda/derecha
geradeaus/zurück	recto/atrás
nah/weit	cerca/lejos
Ampel/Ecke/Kreuzung	semáforo/esquina/cruce
Bus/Straßenbahn/U-Bahn/Taxi	autobús/tranvía/metro/taxi
Haltestelle/Taxistand	parada/parada de taxis
Parkplatz/Parkhaus	parking/garaje
Stadtplan/(Land-)Karte	plano de la ciudad/mapa
Bahnhof/Hafen/Flughafen	estación/puerto/aeropuerto
Fähre/Anleger	transbordador/muelle
Fahrplan/Fahrschein/Zuschlag	horario/billete/suplemento
einfach/hin und zurück	sencillo/ida y vuelta
Zug/Gleis/Bahnsteig	tren/vía/andén
Verspätung/Streik	retraso/huelga
Ich möchte ... mieten.	Querría ... alquilar.
ein Auto/ein Fahrrad/ein Boot	un coche/una bicicleta/un barco
Tankstelle/Benzin/Diesel	gasolinera/gasolina/diesel
Panne/Werkstatt	avería/taller

ESSEN & TRINKEN

Reservieren Sie uns bitte für heute Abend einen Tisch für vier Personen.	Resérvenos, por favor, una mesa para cuatro personas para hoy por la noche.
auf der Terrasse/am Fenster	en la terraza/junto a la ventana
Die Speisekarte, bitte!	¡El menú, por favor!

Könnten Sie mir bitte ... bringen?	¿Podría traerme ... por favor?
Flasche/Karaffe/Glas	botella/jarra/vaso
Messer/Gabel/Löffel	cuchillo/tenedor/cuchara
Salz/Pfeffer/Zucker	sal/pimienta/azúcar
Essig/Öl/Milch/Zitrone	vinagre/aceite/leche/limón
kalt/versalzen/nicht gar	frío/demasiado salado/sin hacer
mit/ohne Eis/Kohlensäure	con/sin hielo/gas
Vegetarier/Vegetarierin/Allergie	vegetariano/vegetariana/alergía
Ich möchte zahlen, bitte.	Querría pagar, por favor.
Rechnung/Quittung/Trinkgeld	cuenta/recibo/propina

EINKAUFEN

Apotheke/Drogerie	farmacia/droguería
Bäckerei/Markt	panadería/mercado
Metzgerei/Fischgeschäft	carnicería/pescadería
Einkaufszentrum/Kaufhaus	centro comercial/grandes almacenes
Geschäft/Supermarkt/Kiosk	tienda/supermercado/quiosco
100 Gramm/1 Kilo	cien gramos/un kilo
teuer/billig/Preis	caro/barato/precio
mehr/weniger	más/menos
aus biologischem Anbau	de cultivo ecológico

ÜBERNACHTEN

Ich habe ein Zimmer reserviert.	He reservado una habitación.
Haben Sie noch ...?	¿Tiene todavía ...?
Einzelzimmer/Doppelzimmer	habitación individual/habitación doble
Frühstück/Halbpension/Vollpension	desayuno/media pensión/pensión completa
nach vorne/zum Meer/zum Garten	hacia delante/hacia el mar/hacia el jardín
Dusche/Bad	ducha/baño
Balkon/Terrasse	balcón/terraza
Schlüssel/Zimmerkarte	llave/tarjeta
Gepäck/Koffer/Tasche	equipaje/maleta/bolso
Schwimmbad/Spa/Sauna	piscina/spa/sauna
Seife/Toilettenpapier/Windel	jabón/papel higiénico/pañal
Babybett/Kinderstuhl/wickeln	cuna/trona/cambiar los pañales
Anzahlung/Kaution	anticipo/caución

BANKEN & GELD

Bank/Geldautomat/Geheimzahl	banco/cajero automático/número secreto
bar/Kreditkarte	en efectivo/tarjeta de crédito
Banknote/Münze/Wechselgeld	billete/moneda/cambio

GESUNDHEIT

Arzt/Zahnarzt/Kinderarzt	médico/dentista/pediatra
Krankenhaus/Notfallpraxis	hospital/urgencias
Fieber/Schmerzen/entzündet/verletzt	fiebre/dolor/inflamado/herido
Durchfall/Übelkeit/Sonnenbrand	diarrea/náusea/quemadura de sol
Pflaster/Verband/Salbe/Creme	tirita/vendaje/pomada/crema
Schmerzmittel/Tablette/Zäpfchen	calmante/comprimido/supositorio

TELEKOMMUNIKATION & MEDIEN

Briefmarke/Brief/Postkarte	sello/carta/postal
Ich brauche eine Telefonkarte.	Necesito una tarjeta telefónica.
Ich suche eine Prepaidkarte für mein Handy.	Busco una tarjeta prepago para mi móvil.
Wo finde ich einen Internetzugang?	¿Dónde encuentro un acceso a internet?
wählen/Verbindung/besetzt	marcar/conexión/ocupado
Steckdose/Adapter/Ladegerät	enchufe/adaptador/cargador
Computer/Batterie/Akku	ordenador/batería/batería recargable
E-Mail(-Adresse)/At-Zeichen	(dirección de) correo electrónico/arroba
Internetadresse (URL)	dirección de internet
Internetanschluss/WLAN	conexión a internet/wifi
Datei/ausdrucken	archivo/imprimir

FREIZEIT, SPORT & STRAND

Strand/Sonnenschirm/Liegestuhl	playa/sombrilla/tumbona
Ebbe/Flut/Strömung	marea baja/marea alta/corriente
Seilbahn/Sessellift	funicular/telesilla

ZAHLEN

0	cero	14	catorce
1	un, uno, una	15	quince
2	dos	16	dieciséis
3	tres	17	diecisiete
4	cuatro	18	dieciocho
5	cinco	19	diecinueve
6	seis	20	veinte
7	siete	100	cien, ciento
8	ocho	200	doscientos, doscientas
9	nueve	1000	mil
10	diez	2000	dos mil
11	once	10 000	diez mil
12	doce	1/2	medio
13	trece	1/4	un cuarto

REISEATLAS

Verlauf der Erlebnistour „Perfekt im Überblick"
Verlauf der Erlebnistouren

Der Gesamtverlauf aller Touren ist auch in der herausnehmbaren Faltkarte eingetragen

 Bild: Strand bei La Línea mit Blick auf den Felsen von Gibraltar

Unterwegs an der Costa del Sol

Die Seiteneinteilung für den Reiseatlas finden Sie auf dem hinteren Umschlag dieses Reiseführers

A
B
C
1
2
3
4
5
6
SEVILLA
Bollullos Par del Condado
Almonte
Conv. de Moranina
Hinojos
Pilas
Huévar
Benacazón
Bollullos de la Mitación
Aznalcázar
Almensilla
Villamanrique de la Condesa
La Puebla del Río
Coria del Río
Bellavista
Bastero
Alcalá de Guadaira
Necrópolis de los Alcores
Dos Hermanas
La Florida
Isla Menor
Los Palacios y Villafranca
Utrera
Maribáñez
Las Alcantarillas
Los Molares
El Trobal
Pinzón
Isla Mayor
P. Nat. Entorno
Nuestra Señora del Rocío
de Doñana
El Rocío
P.Nat Entorno
Parque Nacional
de Doñana
P. Nat. Entorno
Coto de Doñana
E
S
P
Vetaherrado
El Palmar de Troya
Cast. de las Aguzaderas
Cerro del Fatasma
Las Cabezas
Las Cabezas de San Juan
Emb. Torre del Águila
La Encinilla
Matalascañas
Pueblo Andaluz
Playa de Matalascañas
Torre Carbonero
Lebrija
Trebujena
El Cuervo
Autopista del Sur
Gibalbín
Espera
Emb. de Bornos
Bornos
Torre de Zalabar
Torre de San Jacinto
La Algaida
Bonanza
Cast. de S.Salvador
El Cuadrejón
Nueva Jarilla
Castillo del Espíritu Santo
Sanlúcar de Barrameda
Chipiona
Monasterio de Ntra. Sra. de Regla
Playa de la Ballena
Miraflores
JEREZ de la Frontera
Aquasherry Park
Castillo de Melgarejo
Jédula
El Santiscal
Arcos de la Frontera
Jerez-Norte/Arcos
Jerez-Sur/Medina
La Barca de la Florida
Emb. de Guadalcacín
Peña del Águila
Castillo de Luna
El Puerto de Santa María
La Cartuja
La Ina
Rota
La Mata
Cast.de S.Marcos
El Portal
El Torno
San José del Valle
Bahía de Cádiz
Valdelagrana
Pto. Sta. María/Pto. Real
Algeciras/San Fernando
Puerto Real
Cádiz
Las Palmas de Gran Canaria, Puerto del Rosario, Arrecife
Santa Cruz de la Palma, Santa Cruz de Tenerife
Cast. de S. Sebastián
CÁDIZ
El Trocadero
Barrio de Jarana
Paterna de Rivera
Castillo árabe de Luna
Alcalá de los Gazul
Parque Nat. Bahía de Cádiz
San Fernando
Medina Sidonia
Chiclana de la Frontera
Ruta de los Almorávides
Sancti Petri
Los Naveros
Benalup de Sidonia
Barrio Nuevo
Cueva del Tajo de las Figuras
Castillo de Benalup
Emb. de Celemín
Roche
Conil de la Frontera
Vejer de la Frontera
Los Caños de Meca
Castillo de Barbate
Barbate
Tahivilla
Alcornocales
Cabo de Trafalgar
P. Nat. Barbate
Zahara de los Atunes
El Lentiscal
Facinas
Pta. Camarinal
Ensenada de Bolonia
Punta Marroquí o de Tarifa
Costa de la Luz
OCÉANO ATLÁNTICO
Estrecho
Tanger
10 km
6.2 mi

D
E
F
1
2
3
4
5
6
Marchena
Paradas
El Arahal
La Lantejuela
Los Ojuelos
Casablanca
Marinaleda
El Rubio
Herrera
Estepa
Badolatosa
Casariche
Gilena
Becerrero
Lora de Estepa
Osuna
Maestre
Aguadulce
Pedrera
La Puebla de Cazalla
San Antonio del Fontanar
La Roda de Andalucía
Ruta de Washington
Sierra de Yeguas
Fuente de Piedra
Muralla
Morón de la Frontera
La Gironda
R. Corbones
Martín de la Jara
L. Fuente de Piedra
Humilladero
Los Corrales
El Saucejo
Montegil
Las Encarnaciones
Villanueva de San Juan
Algámitas
Campillos
Bobadilla
Erm. de San Juan
Montellano
Castillo de Cote
Coripe
Pruna
Olvera
Almargen
Teba
Castillo de la Estrella
Emb. de Guadalhorce
Cañete la Real
Pantano del Chorro
Puerto Serrano
Algodonales
Torre-Alháquime
Alcalá del Valle
Embalse del Chorro
Garganta del Chorro
Ardales
Cuevas del Becerro
Castillo de Turón
Las Mellizas
Carratraca
Emb. de Zahara
Zahara
El Gastor
Ruinas de Acinipo
Setenil
Montecorto
Arriate
El Burgo
Álora
Málaga
Prado del Rey
P. Nat. Sierra de Grazalema
Cerro Prieto 1155
Grazalema
Casarabonela
Pizarra
Cueva del Hundidero
Pto. del Viento (1190)
Pto. de las Abejas (820)
Ronda
El Bosque
Pto. del Boyar (1103)
Montejaque
Yunquera
Alozaina
Castillo de Tavizna
Grazalema
Benaoján
Serranía de Ronda
Tolox
Benaocaz
Villaluenga del Rosario
Cueva de la Pileta
Parque Natural Sierra de las Nieves
Guaro
Coín
Ubrique
Cortes de la Frontera
Atajate
Igualeja
Monda
Alhaurín el Grande
Parque Natural
Benadalid
Ruta de los Almoravides
Jubrique
Emb. de la Concepción
Istán
Ojén
Mijas/Fuengirola
Mijas
La Angostura del Guadiaro
Algatocín
Altos de Marbella
El Colmenar
Nagüeles
Marbella Ojén
El Chaparral
Sauceda
Gaucín
Sierra Bermeja
Benahavís
S. Pedro Alcántara
Nueva Andalucía
Elviria
Sitio de Calahonda
Rio Castor
Los Monteros
Marbella
Castillo Algibe
San Pablo de Buceite
1448 Reales
Sierra Crestellina
Puerto Banús
Playa de Calahonda
Casares
Estepona Oeste
San Pedro Alcántara
Jimena de la Frontera
El Velerín
Ruta de al-Idrisi
Estepona
Manilva/Casares
Manilva
Acueducto rom. de Salduba
R. Guadarranque
San Luis de Sabinillas
San Martín del Tesorillo
Castillo de Sabinillas
Emb. de Guadarranque
Castillo de Castellar
Castellar de la Frontera
Nuevo Guadiaro
Almoraima
Sotogrande/Torreguadiaro
Emb. de Charco Redondo
Pto. del Higuerón (151)
Costa del Sol
San Roque
Puente Mayorga
Palmones
Los Barrios
Ruinas Rom.
La Línea de la Concepción
Algeciras
Bahía de Algeciras
Gibraltar (GB)
St. Michael's Cave
Punta de Europa
Pta. del Carnero
Mar Mediterráneo
Barcelona, Sète
Genova, Livorno
La Costa
Castillo Guzmán el Bueno
Estrecho de Gibraltar
Islote del Perejil (Esp.)
Punta Leona
Ceuta (Esp.) (Sebta)
Benzú
Jbel Musa
Monte Hacho
Punta Almina
MAROC
Tanger Méditerranée
Méditerranée

A
B
C
1
2
3
4
5
6
Real Monasterio de San Jerónimo
Medina Azahara
Mezquita-catedral
CÓRDOBA
Castillo de las Siete Torres
Bujalance
Cañete de las Torres
Porcuna
Higuera de Calatrava
Emb. de la Breña
Almodóvar del Río
Villarrubia
Majaneque
El Higuerón
Córdoba
El Jardín
Ruta del Califato
R. Guadajoz
Santa Cruz
Valenzuela
Santiago de Calatrava
Guadalcázar
E05
420
A45
N331
N432
E
S
Fuentidueña
La Fuencubierta
Aldea Quintana
Fernán-Núñez
Castro del Río
La Carlota
La Victoria
434
San Sebastián de los Ballesteros
Castillo de Doshermanas
Espejo
97
Albendín
Los Noguerones
Villar
La Guijarrosa
Los Algarbes
Montemayor
307
Murallas
Baena
Castillo del Hornillo
441
A4
La Rambla
Montilla
Nueva Carteya
Doña Mencía
Santaella
Montalbán de Córdoba
N432
Luque
450
La Montiela
Aguilar
318
Zuheros
Convento de las Descalzas
Cueva del Cerro de los Murciélagos
Cabra
Castillo de los Condes
P. Nat.
Zagrilla
Castillo Medina
La Aceñuela
304
112
Monturque
339
Carcabuey
Puente-Genil
Moriles
A45
Ruta del Califato
Sierra
Priego de Córdoba
388
Sevilla
R. Genil
Anzur
318
Lucena
Los Villares
Subbéticas
Marinaleda
Castillo de Campo Real
Los Piedros
Zambra
El Rubio
Herrera
Emb. de Cordobilla
Las Lagunillas
318
Cañadillas
331
Rute
Estepa
Badolatosa
Jauja
Algarinejo
333
106
Embalse de Iznájar
Fuentes de Cesna
103
Casariche
113
Benamejí
Encinas Reales
Iznájar
92
Gilena
Becerrero
Lora de Estepa
Palenciana
Cuevas de San Marcos
Zagra
Aguadulce
Pedrera
A92
Embalse de Malpasillo-Jauja
Cuevas Bajas
Alameda
Ventorros de Balerma
La Roda de Andalucía
N331
R. Genil
Villanueva de Algaidas
Villanueva de Tapia
Ruta de Washington Irving
Fuente de Piedra
Sierra de Yeguas
365
132
Mollina
41
177
Ruta de los Almorávides
A92
138
Cartaojal
Estación de Salinas
Martín de la Jara
L. Fuente de Piedra
Humilladero
142
153
Archidona
Los Corrales
22
38
384
Cueva del Romeral
Campillos
8
14
A92M
Los Alazores
451
Bobadilla Estación
Cueva de Menga
Villanueva del Trabuco
Puerto de los Alazores
Emb. de Guadalhorce
Fortificaciones árabes
Antequera
Lobo Park
Almargen
Teba
Alfarnate
Castillo de la Estrella
15
P. Nat. del Torcal de Antequera
Pto. de las Pedrizas (780)
Cañete la Real
Embalse del Chorro
Pantano del Chorro
Valle de Abdalajís
Villanueva de Cauche
367
356
Periana
Villanueva de la Concepción
Garganta del Chorro
Ruta de los Almorávides
Ardales
Colmenar
Cuevas del Becerro
Castillo de Turón
Las Mellizas
Casabermeja
Comares
28
Carratraca
Málaga
P. Nat. Montes de Málaga
Pto. del León (960)
Pto. del Viento (1190)
357
Álora
Almogía
A45
Benamargosa
45
El Burgo
343
Benamocarra
5
366
Casarabonela
Guadalmedina
Vélez-Málaga
Pto. de las Abejas (820)
AP46
Pizarra
Estación de Cártama
Gibralfaro
Rincón de la Victoria
Yunquera
Campanillas
7
El Palo
Benajarafe
Serranía de Ronda
Alozaina
Parque
Tolox
Cártama
Natural Sierra
Alhaurín de la Torre
MÁLAGA
Cueva del Higuerón
11
AGP
235
Palacio de Misericordia
Guaro
Coín
Churriana
de las Nieves
Arroyo d. l. Miel
229
17
Monda
4
Alhaurín el Grande
Mijas 1150
AP7
Aquapark
Torremolinos
Istán
355
Emb. de la Concepción
Ojén
Mijas/Fuengirola
Mijas
214
Benalmádena
Puerto Marina
Altos de Marbella
Carvajal
Nagüeles
Marbella
53
E15
Parque acuatico Mijas
Nueva Andalucía
181a
186
El Chaparral
A7
Fuengirola
172
Elviria
Los Monteros
Sitio de Calahonda
95
Puerto Banús
Marbella
Playa de Calahonda
San Pedro Alcántara
El Velerín
Costa d

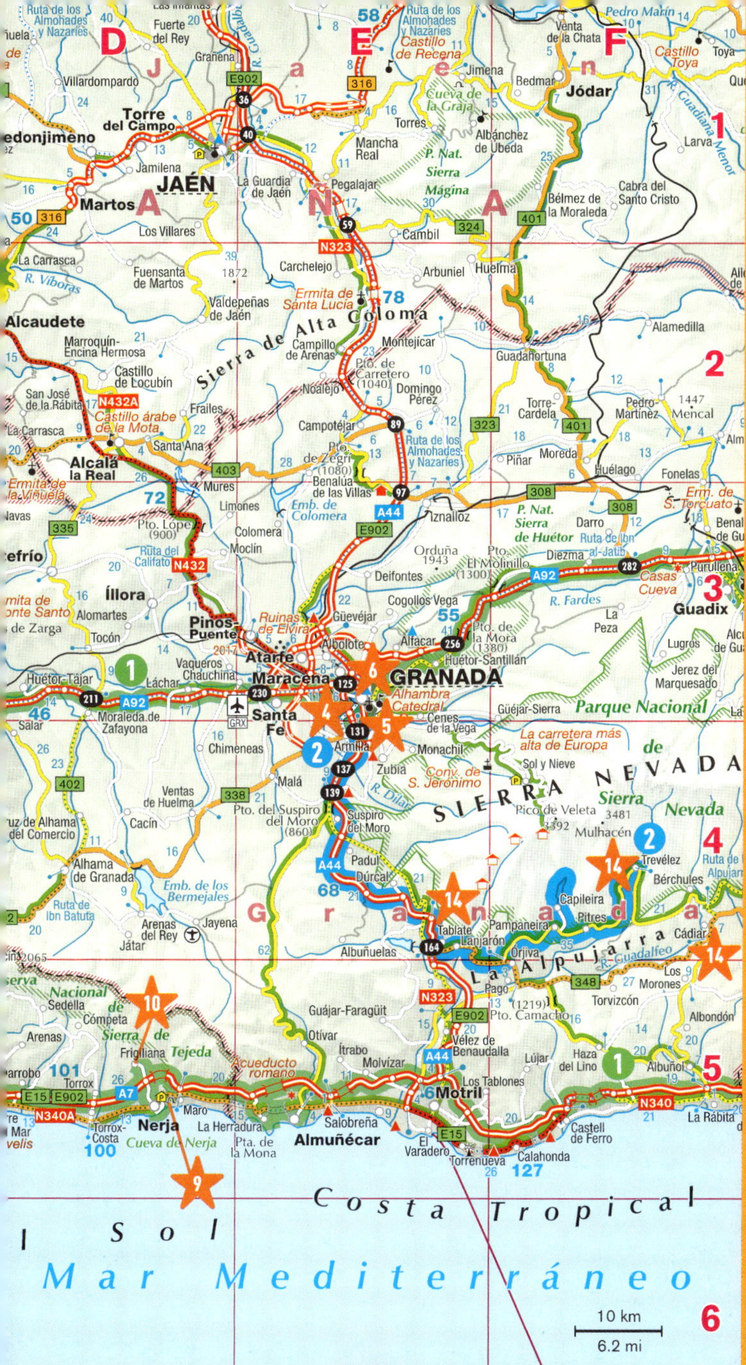
D
E
F
1
2
3
4
5
6
Jaén
Torre del Campo
Torredonjimeno
Martos
Jamilena
Villardompardo
Fuerte del Rey
Grañena
Los Villares
La Guardia de Jaén
Pegalajar
Mancha Real
Torres
Jimena
Bedmar
Jódar
Albánchez de Úbeda
Castillo de Recena
Cueva de la Graja
Castillo Toya
Toya
Larva
Cabra del Santo Cristo
Bélmez de la Moraleda
P. Nat. Sierra Mágina
Cambil
Huelma
Arbuniel
Carchelejo
Venta de la Chata
Pedro Marín
Ruta de los Almohades y Nazaríes
La Carrasca
Fuensanta de Martos
Valdepeñas de Jaén
Ermita de Santa Lucía
Sierra de Alta Coloma
Alcaudete
Marroquín-Encina Hermosa
Castillo de Locubín
San José de la Rábita
Castillo árabe de la Mota
Alcalá la Real
Frailes
Santa Ana
Ermita de la Viñuela
Campillo de Arenas
Noalejo
Pto. de Carretero (1040)
Montejícar
Domingo Pérez
Campotéjar
Pto. de Zegrí (1080)
Benalúa de las Villas
Guadahortuna
Torre-Cardela
Alamedilla
Pedro Martínez
Mencal
1447
Piñar
Moreda
Huélago
Fonelas
Erm. de S. Torcuato
Mures
Limones
Emb. de Colomera
Colomera
Moclín
Pto. López (900)
Ruta del Califato
Iznalloz
P. Nat. Sierra de Huétor
Darro
Diezma
Ruta de Ibn al-Jatib
Purullena
Casas Cueva
Guadix
Montefrío
Íllora
Alomartes
Tocón
Pinos-Puente
Ruinas de Elvira
Deifontes
Orduña 1943
Pto. El Molinillo (1300)
Cogollos Vega
Güevéjar
Albolote
Alfacar
Pto. de la Mora (1380)
Huétor-Santillán
R. Fardes
La Peza
Lugros
Jerez del Marquesado
Huétor-Tájar
Láchar
Vaqueros
Chauchina
Atarfe
Maracena
GRANADA
Alhambra
Catedral
Santa Fe
Moraleda de Zafayona
Salar
Chimeneas
Cenes de la Vega
Güéjar-Sierra
Parque Nacional de Sierra Nevada
La carretera más alta de Europa
Armilla
Monachil
Sol y Nieve
Zubia
Conv. de S. Jerónimo
Malá
R. Dílar
SIERRA NEVADA
Pico de Veleta 3392
3481 Mulhacén
Trevélez
Bérchules
Ventas de Huelma
Cacín
Pto. del Suspiro del Moro (860)
Suspiro del Moro
Padul
Dúrcal
Alhama de Granada
Emb. de los Bermejales
Ruta de Ibn Batuta
Arenas del Rey
Jayena
Játar
Capileira
Pitres
Pampaneira
Tablate
Lanjarón
Órjiva
La Alpujarra
R. Guadalfeo
Cádiar
Los Morones
Albuñuelas
Pago
Torvizcón
(1219) Pto. Camacho
Albondón
Granada
Guájar-Faragüit
Otívar
Ítrabo
Molvízar
Vélez de Benaudalla
Lújar
Haza del Lino
Albuñol
Los Tablones
Motril
Sedella
Cómpeta
Arenas
Parque Nacional de Sierra de Tejeda
Frigiliana
Torrox
Acueducto romano
Nerja
Maro
Torrox-Costa
Cueva de Nerja
La Herradura
Pta. de la Mona
Almuñécar
Salobreña
El Varadero
Torrenueva
Calahonda
Castell de Ferro
La Rábita
Costa Tropical
Costa del Sol
Mar Mediterráneo
Melilla
10 km
6.2 mi

A
B
C
Torreblascopedro
Ibros
Baeza
Úbeda
Torreperogil
Santo Tomé
Chilluévar
Pto. de las Palomas (1290)
Begíjar
Palacio de Jabalquinto
El Molar
Cazorla
Sierras de Cazorla, Segura y Las Villas
Sierra de Cazorla
Sierra de Segura
P. Nat. Sierra de Castril
San Clemente
Emb. de Pedro Marín
Peal de Becerro
Castillo de la Yedra
Ruta de los Almohades y Nazaríes
Castillo de Recena
Venta de la Chata
Castillo Toya
Toya
Jimena
Bedmar
Jódar
Quesada
Castillo Majuela
Cueva de la Graja
Emb. de La Bolera
Castril
San Clemente
Torres
Albánchez de Úbeda
Mancha Real
P. Nat. Sierra Mágina
Larva
R. Guadiana Menor
Cueva del Agua
Pto. de Tiscar (1183)
Tiscar-Don Pedro
Huesa
Cebas
Las Almontaras
E
S
P
A
Bélmez de la Moraleda
Cabra del Santo Cristo
Hinojares
Pozo Alcón
R. Castril
R. Guadalentín
Cortes de Baza
Cambil
Arbuniel
Huelma
Ermita de Santa Lucía
Alicún de Ortega
Fontanar
Cuevas del Campo
Emb. de Negratín
Alamedilla
Río Fardes
Montejícar
Guadahortuna
Villanueva de las Torres
Jabalcón 1492
Sant. de Ntra. Sra. de la Cabeza
Zújar
Pto. de Carretero (1040)
Domingo Pérez
Baños de Alicún de las Torres
Bacor-Olivar
Freila
Ruta de Ibn al-Jatib
Baza
Alcazaba
Campotéjar
Ruta de los Almohades y Nazaríes
Torre-Cardela
Pedro-Martínez
1447 Mencal
Gorafe
Almidar
Piñar
Moreda
Huélago
Fonelas
Las Viñas
El Baúl
Caniles
Erm. de S. Torcuato
Parque Natural Sierra de Baza
Santa Bárbara 2271
Iznalloz
P. Nat. Sierra de Huétor
Darro
Benalúa de Guadix
Gor
Orduña 1943
Pto. El Molinillo (1300)
Diezma
Ruta de Ibn al-Jatib
Deifontes
Casas Cueva
Purullena
2296
Charches
Cogollos Vega
R. Fardes
Güevéjar
La Peza
Guadix
Albolote
Alfacar
Pto. de la Mora (1380)
Maracena
Huétor-Santillán
Lugros
Alcudia de Guadix
El Haza del Riego
GRANADA
Alhambra Catedral
Jerez del Marquesado
Castillo
Huéneja
Fiñana
Cenes de la Vega
Güéjar-Sierra
La Calahorra
La carretera más alta de Europa
Monachil
Sol y Nieve
Abla
Ruta de Münzer
Zubia
Conv. de S. Jerónimo
SIERRA NEVADA
Pto. de la Ragua (2000)
Parque Nacional de Sierra Nevada
Suspiro del Moro
R. Dílar
Pico de Veleta 3392
3481 Mulhacén
Paterna del Río
Ohanes
Padul
Dúrcal
Trevélez
Ruta de la Alpujarra
Válor
Laroles
Laujar de Andarax
Bérchules
Alcolea
Capileira
Pitres
Ugíjar
Fondón
Albuñuelas
Pampaneira
Tablate
Lanjarón
Órjiva
Cádiar
Erm. de S. Sebastián
La Alpujarra
Granada
R. Guadalfeo
Sierra de Gádor
2242
Pago
Los Morones
Murtas
Beninar
Castala
Torvizcón
Faragüit
Pto. Camacho (1219)
Albondón
Murallas
Berja
Dalías
Vélez de Benaudalla
Molvízar
Lújar
Haza del Lino
Albuñol
Los Clementes
El Ejido
Santa María del Águila
Los Tablones
Motril
Salobreña
La Rábita
El Lance de la Virgen
Adra
El Puente del Río
Balanegra
Balerma
La Mojonera
El Varadero
Castell de Ferro
Torrenueva
Calahonda
Almerimar
Guardias Viejas
Pta. Entinas
Costa Tropical
Costa
Melilla

D
E
F
1
2
3
4
5
6
Cañada de la Cruz
Barranda
Ermita de la Encarnación
El Moral
Almudema
Almaciles
Ermita de las Peñicas
Ermita del Calvario
Coy
Sagra 2383
Puebla de Don Fadrique
Royos
Reg. de Murcia
Zarzadilla de Totana
La Paca
Las Cobatillas
Zarcilla de Ramos
Cortijos Nuevos del Campo
1332
Guadalupe
Huéscar
La Cañada de Cañepla
Casas de Panes
Emb. de Puentes
Pantano de Puentes
Necrópolis de Túturgi
Galera
Orce
Castilléjar
La Alfahuara
María
Pto. de María (1200)
P. Nat.
Vélez Blanco
Fuensanta
Lorca
María 2045
Sierra María
Cueva de los Letreros
Vélez Rubio
Perea 1612
Ruta de Ibn al-Jatib
El Aljibe y las Brencas de Sicilia
Pto. de El Contador o de Vertientes (1130)
Los Guiraos
Cúllar-Baza
Chirivel
Rambla Chirivel
Los Tonosas
Pto. de Santa María de Nieva (1085)
Puerto Lumbreras
Esparragal
1443
Cueva de las Estalactitas
Abejuela
Sierra de las Estancias
El Sahuco
Saliente Alto
Oria
Taberno
Urcal
Almendricos
Santa María de Nieva
La Ermita
Pulpí
El Hijate
Lúcar
Albox
Huércal-Overa
El Saltador
Olula del Río
Emb. de Cuevas del Almanzora
Purchena
Cantoria
Santa Bárbara
El Rincón
Alcóntar
Serón
Tíjola
Río Almanzora
Macael
Sierro
Zurgena
Cuevas del Almanzora
Los Lobos
Albánchez
Tenerife
Ermita de la Cabeza
Cóbdar
Barriada Las Canteras
Villaricos
Bacares
Tetica 2080
Puerto de la Virgen (1070)
Vera
Antas
Palomares
Sierra de los Filabres
Tahal
Lubrín
Observatorio astronómico
Velefique
Senés
Uleila del Campo
Cortijada el Pilar
Los Gallardos
Garrucha
Castro de Filabres
Almería
Los Castaños
Turre
Castillo Jesús Nazareno
Mojácar
Gérgal
Arráez 919
Desierto de Tabernas
Plataforma Solar
Los Yesos
Sorbas
Ruta de Münzer
Castillo Macenas
Torre del Peñón
Tabernas
Lucainena de las Torres
Polopos
Mini Hollywood
1387
Alhabia
Colativí
Sierra de Alhamilla
Níjar
Carboneras
Los Millares
Alhama de Almería
Gádor
Benahadux
Pechina
Campohermoso
Agua Amarga
Parque Natural
Pta. de la Media Naranja
Las Cuevas de los Medinas
San Isidro de Níjar
Las Negras
Enix
Viator
El Alquián
Rodalquilar
Cabo de Gata-Níjar
Pta. de la Polacra
La Alcazaba
Catedral
Retamar
Castillo San Felipe
Aguadulce
La Cañada de S. Urbano
El Pozo de los Frailes
Ruta de León el Africano
ALMERÍA
384
San José
Roquetas de Mar
Golfo de Almería
Almadraba de Monteleva
Playa Serena
Cabo de Gata
Cala de la Media Luna
Playa de Cerrillos
Sabinar
Mar de Alborán
10 km
6.2 mi
Melilla, Nador
Ghazaouet
A92N
A91
A7
A92
E15
N340A
N341

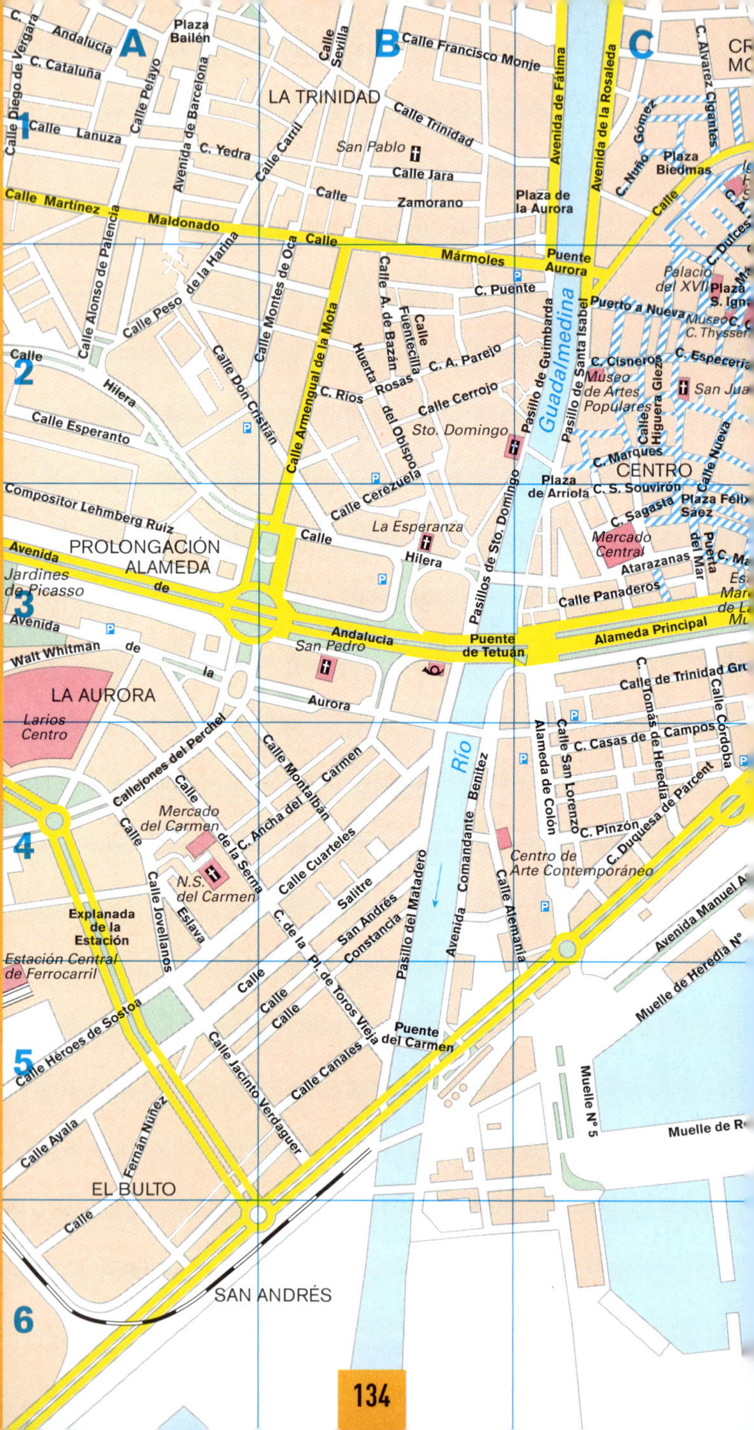
A
B
C
1
2
3
4
5
6
Plaza Bailén
C. Andalucía
C. Cataluña
Calle Diego de Vergara
Calle Lanuza
Calle Pelayo
Avenida de Barcelona
C. Yedra
Calle Carril
Calle Sevilla
LA TRINIDAD
Calle Francisco Monje
Calle Trinidad
San Pablo
Calle Jara
Calle Zamorano
Calle Martínez Maldonado
Calle Mármoles
Plaza de la Aurora
Avenida de Fátima
Avenida de la Rosaleda
C. Álvarez
Cigantes
Gómez
C. Nuño
Plaza Biedmas
Puente Aurora
C. Puente
Calle Alonso de Palencia
Calle Peso de la Harina
Calle Montes de Oca
Calle Armengual de la Mota
Calle A. de Bazán
Calle Fuentecilla
Huerta Rosas del Obispo
C. A. Parejo
C. Ríos
Calle Cerrojo
Sto. Domingo
Pasillo de Guimbarda
Guadalmedina
Pasillo de Santa Isabel
Puerto a Nueva
Palacio del XVII
Plaza S. Ignacio
Museo C. Thyssen
C. Cisneros
C. Especería
Museo de Artes Populares
Calle Higuera Glez
San Juan
C. Marqués
Calle Nueva
CENTRO
Calle Hilera
Calle Esperanto
Calle Don Cristián
Compositor Lehmberg Ruiz
Calle Cerezuela
La Esperanza
Calle Hilera
Pasillo de Sto. Domingo
Plaza de Arriola
C. S. Souvirón
C. Sagasta
Plaza Félix Saez
Mercado Central
Puerta del Mar
Atarazanas
Calle Panaderos
PROLONGACIÓN ALAMEDA
Jardines de Picasso
Avenida de Andalucía
Avenida Walt Whitman
de la Aurora
San Pedro
Puente de Tetuán
Alameda Principal
LA AURORA
Larios Centro
Calle de Trinidad Grund
C. Tomás de Heredia
Calle Córdoba
C. Casas de Campos
Alameda de Colón
Calle San Lorenzo
Callejones del Perchel
Calle Montalbán
Calle Ancha del Carmen
Río
Avenida Comandante Benítez
Calle de la Serna
Mercado del Carmen
N.S. del Carmen
Calle Cuarteles
Salitre
San Andrés
Constancia
Pasillo del Matadero
Calle Alemania
Centro de Arte Contemporáneo
C. Pinzón
C. Duquesa de Parcent
Explanada de la Estación
Estación Central de Ferrocarril
Calle Jovellanos
Eslava
C. de la Pl. de Toros Vieja
Puente del Carmen
Avenida Manuel Agustín Heredia
Muelle de Heredia
Calle Héroes de Sostoa
Calle Jacinto Verdaguer
Calle Canales
Muelle Nº 5
Muelle de Ronda
Calle Ayala
Fernán Núñez
EL BULTO
SAN ANDRÉS

D
E
F
1
2
3
4
5
6
Plaza Montaña
Plaza de la Victoria
C. G. Salazar
C. Lagunillas
Calle Dos Aceras
Calle Mariblanca
Calle de los Frailes
C. Cobertizo Conde
Teatro Cervantes
Plaza de S. Pedro de Alcántara
Patio
C. Madre
C. Rodr. Ramos
Martínez
Puerta Nueva
C. San Julián
Plaza del Teatro
C. Huerto del Conde
Casa Natal Picasso
Calle Victoria
Calle Álamos
de Dios
C. Méndez
C. Comedias
C. Palma
Palacio de Condes Navas
Monumento Torrijos
Monte de Gibralfaro
Plaza de Uncibay
Calle de las Beatas
C. T. de Cózar
Plaza de la Merced
Los Mártires
Núñez
M. de Bellas Artes
Iglesia de Santiago
Castillo de Gibralfaro
Granada
Plaza del Siglo
Museo Picasso
Casa de la Cultura
Parador Nacional de Gibralfaro
Pasaje Chinitas
C. S. Agustín
San Agustín
Calle Alcazabilla
Alcazaba
Lario
Teatro Romano
Subida a la Coracha
Calle Císter
Casa de Pedro de Mena
Mus. de la Cofradía de los Estudiantes
Museo Arqueológico
El Sagrario
C. Salinas
Molina
Catedral
Palacio de Villalcázar
Calle Guillén Sotelo
Fuente Genovesa
Paseo de Reding
C. S. Strachan
Postigo Arbades
Gobierno Civil
Ayuntamiento
Calle Marqués de Larios
Calle
Calle Cortina del Muelle
Antigua Aduana
Avenida Cervantes
Plaza del General Torrijos
Plaza de Toros
C. Sancha de Lara
Diputación
Paseo del Parque
Subtropical
Jardín
Calle Maestranza
Plaza de la Marina
Paseo de los Curas
Av. Cánovas del Castillo
Estatua al Cenachero
Farola
Nicolás
Muelle de Guadiaro Nº 2
Estación de Autobuses
LA MALAGUETA
Dársena de Guadiaro
Paseo de la Farola
Calle San
Estación Marítima
Muelle Nº 1
Paseo Mtmo. Ciudad de Melilla
Club Náutico
Farola
Dársena Heredia
Mar Mediterráneo
Robledo Nº 6
Dique Transversal Oeste
Puerto Pesquero
Morro de Levante
Melilla, Ceuta
Málaga
300 m
328 yd

KARTENLEGENDE

Autobahn mit Anschlussstellen
Motorway with junctions

Autobahn in Bau
Motorway under construction

Mautstelle
Toll station

Raststätte mit Übernachtung
Roadside restaurant and hotel

Raststätte
Roadside restaurant

Tankstelle
Filling-station

Autobahnähnliche Schnellstraße mit Anschlussstelle
Dual carriage-way with motorway characteristics with junction

Fernverkehrsstraße
Trunk road

Durchgangsstraße
Thoroughfare

Wichtige Hauptstraße
Important main road

Hauptstraße
Main road

Nebenstraße
Secondary road

Eisenbahn
Railway

Autozug-Terminal
Car-loading terminal

Zahnradbahn
Mountain railway

Kabinenschwebebahn
Aerial cableway

Eisenbahnfähre
Railway ferry

Autofähre
Car ferry

Schifffahrtslinie
Shipping route

Landschaftlich besonders schöne Strecke
Route with beautiful scenery

Alleenstr. — Touristenstraße
Tourist route

XI-V — Wintersperre
Closure in winter

Straße für Kfz gesperrt
Road closed to motor traffic

8% — Bedeutende Steigungen
Important gradients

Für Wohnwagen nicht empfehlenswert
Not recommended for caravans

Für Wohnwagen gesperrt
Closed for caravans

Besonders schöner Ausblick
Important panoramic view

Wartenstein / *Umbalfälle* — Sehenswert: Kultur - Natur
Of interest: culture - nature

Badestrand
Bathing beach

Nationalpark, Naturpark
National park, nature park

Sperrgebiet
Prohibited area

Kirche
Church

Kloster
Monastery

Schloss, Burg
Palace, castle

Moschee
Mosque

Ruinen
Ruins

Leuchtturm
Lighthouse

Turm
Tower

Höhle
Cave

Ausgrabungsstätte
Archaeological excavation

Jugendherberge
Youth hostel

Allein stehendes Hotel
Isolated hotel

Berghütte
Refuge

Campingplatz
Camping site

Flughafen
Airport

Regionalflughafen
Regional airport

Flugplatz
Airfield

Staatsgrenze
National boundary

Verwaltungsgrenze
Administrative boundary

Grenzkontrollstelle
Check-point

Grenzkontrollstelle mit Beschränkung
Check-point with restrictions

ROMA — Hauptstadt
Capital

VENEZIA — Verwaltungssitz
Seat of the administration

MARCO POLO Erlebnistour 1
MARCO POLO Discovery Tour 1

MARCO POLO Erlebnistouren
MARCO POLO Discovery Tours

MARCO POLO Highlight
MARCO POLO Highlight

FÜR IHRE NÄCHSTE REISE ...

ALLE **MARCO POLO** REISEFÜHRER

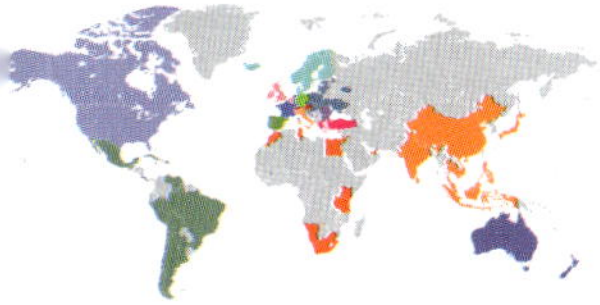

DEUTSCHLAND
Allgäu
Bayerischer Wald
Berlin
Bodensee
Chiemgau/
Berchtesgadener
Land
Dresden/
Sächsische Schweiz
Düsseldorf
Eifel
Erzgebirge/
Vogtland
Föhr & Amrum
Franken
Frankfurt
Hamburg
Harz
Heidelberg
Köln
Lausitz/Spreewald/
Zittauer Gebirge
Leipzig
Lüneburger Heide/
Wendland
Mecklenburgische
Seenplatte
Mosel
München
Nordseeküste
Schleswig-Holstein
Oberbayern
Ostfriesische Inseln
Ostfriesland/Nord-
seeküste Nieder-
sachsen/Helgoland
Ostseeküste
Mecklenburg-
Vorpommern
Ostseeküste
Schleswig-Holstein
Pfalz
Potsdam
Rheingau/
Wiesbaden
Rügen/Hiddensee/
Stralsund
Ruhrgebiet
Schwarzwald
Stuttgart
Sylt
Thüringen
Usedom
Weimar

ÖSTERREICH
SCHWEIZ
Kärnten
Österreich
Salzburger Land
Schweiz
Steiermark
Tessin
Tirol
Wien
Zürich

FRANKREICH
Bretagne
Burgund
Côte d'Azur/
Monaco
Elsass
Frankreich
Französische
Atlantikküste
Korsika
Languedoc-
Roussillon
Loire-Tal
Nizza/Antibes/
Cannes/Monaco
Normandie
Paris
Provence

ITALIEN
MALTA
Apulien
Dolomiten
Elba/Toskanischer
Archipel
Emilia-Romagna
Florenz
Gardasee
Golf von Neapel
Ischia
Italien
Italienische Adria
Italien Nord
Italien Süd
Kalabrien
Ligurien/
Cinque Terre
Mailand/
Lombardei
Malta & Gozo
Oberital. Seen
Piemont/Turin
Rom
Sardinien
Sizilien/
Liparische Inseln
Südtirol
Toskana
Venedig
Venetien & Friaul

SPANIEN
PORTUGAL
Algarve
Andalusien
Barcelona
Baskenland/
Bilbao
Costa Blanca
Costa Brava
Costa del Sol/
Granada
Fuerteventura
Gran Canaria
Ibiza/Formentera
Jakobsweg
Spanien
La Gomera/
El Hierro
Lanzarote
La Palma
Lissabon
Madeira
Madrid
Mallorca
Menorca
Portugal
Spanien
Teneriffa

NORDEUROPA
Bornholm
Dänemark
Finnland
Island
Kopenhagen
Norwegen
Oslo
Schweden
Stockholm
Südschweden

WESTEUROPA
BENELUX
Amsterdam
Brüssel
Dublin
Edinburgh
England
Flandern
Irland
Kanalinseln
London
Luxemburg
Niederlande
Niederländische
Küste
Schottland
Südengland

OSTEUROPA
Baltikum
Budapest
Danzig
Krakau
Masurische Seen
Moskau
Plattensee
Polen
Polnische
Ostseeküste/
Danzig
Prag
Slowakei
St. Petersburg
Tallinn
Tschechien
Ungarn
Warschau

SÜDOSTEUROPA
Bulgarien
Bulgarische
Schwarzmeerküste
Kroatische Küste
Dalmatien
Kroatische Küste
Istrien/Kvarner
Montenegro
Rumänien
Slowenien

GRIECHENLAND
TÜRKEI
ZYPERN
Athen
Chalkidiki/
Thessaloniki
Griechenland
Festland
Griechische Inseln/
Ägäis
Istanbul
Korfu
Kos
Kreta
Peloponnes
Rhodos
Samos
Santorin
Türkei
Türkische Südküste
Türkische Westküste
Zákinthos/Itháki/
Kefalloniá/Léfkas
Zypern

NORDAMERIKA
Chicago und
die Großen Seen
Florida
Hawai'i
Kalifornien
Kanada
Kanada Ost
Kanada West
Las Vegas
Los Angeles
New York
San Francisco
USA
USA Ost
USA Südstaaten/
New Orleans
USA Südwest
USA West
Washington D.C.

MITTEL- UND
SÜDAMERIKA
Argentinien
Brasilien
Chile
Costa Rica
Dominikanische
Republik
Jamaika
Karibik/
Große Antillen
Karibik/
Kleine Antillen
Kuba
Mexiko
Peru & Bolivien
Yucatán

AFRIKA UND
VORDERER
ORIENT
Ägypten
Djerba/
Südtunesien
Dubai
Israel
Jordanien
Kapstadt/
Wine Lands/
Garden Route
Kapverdische
Inseln
Kenia
Marokko
Namibia
Rotes Meer & Sinai
Südafrika
Tansania/Sansibar
Tunesien
Vereinigte
Arabische Emirate

ASIEN
Bali/Lombok/Gilis
Bangkok
China
Hongkong/Macau
Indien
Indien/Der Süden
Japan
Kambodscha
Ko Samui/
Ko Phangan
Krabi/
Ko Phi Phi/
Ko Lanta
Malaysia
Nepal
Peking
Philippinen
Phuket
Shanghai
Singapur
Sri Lanka
Thailand
Tokio
Vietnam

INDISCHER OZEAN
UND PAZIFIK
Australien
Malediven
Mauritius
Neuseeland
Seychellen

Viele MARCO POLO Reiseführer gibt es auch als eBook – und es kommen ständig neue dazu!
Checken Sie das aktuelle Angebot einfach auf: www.marcopolo.de/e-books

REGISTER

Im Register sind alle in diesem Reiseführer erwähnten Orte, Ausflugsziele und außerorts gelegenen Strände sowie alle Sehenswürdigkeiten und Museen in Granada verzeichnet. Gefettete Seitenzahlen verweisen auf den Haupteintrag.

GRANADA

SCHREIBEN SIE UNS!

Egal, was Ihnen Tolles im Urlaub begegnet oder Ihnen auf der Seele brennt, lassen Sie es uns wissen! Ob Lob, Kritik oder Ihr ganz persönlicher Tipp – die MARCO POLO Redaktion freut sich auf Ihre Infos.
Wir setzen alles dran, Ihnen möglichst aktuelle Informationen mit auf die Reise zu geben. Dennoch schleichen sich manchmal Fehler ein – trotz gründlicher Recherche unserer Autoren/innen. Sie haben sicherlich Verständnis, dass der Verlag dafür keine Haftung übernehmen kann.

MARCO POLO Redaktion
MAIRDUMONT
Postfach 31 51
73751 Ostfildern
info@marcopolo.de

IMPRESSUM
Titelbild: Strand in Benalmádena (huber-images: R. Taylor)
Fotos: BioNatura (18 o.); DuMont Bildarchiv: Gonzalez (Klappe l., 34/35, 63); FIND DE LUXE VINTAGE (19 o.); R. Gerth (114 o.); huber-images: P. Canali (2), Gräfenhain (22, 126/127), U. Mellone (72), M. Rellini (12/13, 84, 89), Ripani (8), R. Schmid (80/81), R. Taylor (1 o.), S. Wasek (92/93); © iStockphoto: Shaun Dodds (19 u.); Lena Kuder (1 u.); Laif: T. Ernsting (39), Gonzalez (31, 115), Modrow (20/21), Tophoven (17, 60); Look: Richter (40), Stumpe (69); Look/age fotostock (Klappe r., 32/33, 71, 91); R. Lueger (9); mauritius images: J. Fuste Raga (66), C. Sánchez-Pereyra (25); mauritius images/age: A. del Castillo (28 l.), R. L. Pérez Pinar (24), C. S. Pereyra (87), L. Vallecillos (50), K. Welsh (78/79); mauritius images/Alamy (4 o., 6, 11, 82, 101, 108/109, 111, 114 u.), J. Alba (103), M. Chaplow (29), L. Dafos (36), J. D. Dallet (59), M. Galan Still (28 r.), M. Griggs (43), A. Kowalsky (44/45, 53), S. Littlejohn (107), M. Ramírez (64/65), C. Sedano (113), P. v. Minster (7), L. Vallecillos (10), K. Welsh (46, 49), J. Zuckermann (112); mauritius images/Alamy/a-plus image bank (30/31); mauritius images/Alamy/geophotos (98/99); mauritius images/Foodanddrinkphotos (18 M.); mauritius images/foodcollection (4 u., 26/27); mauritius images/robertharding: C. Morucchio (54); mauritius images/Westend61: F. Faltermaier (104/105), M. Moxter (5, 14/15, 57), M. Stuart (77); Purobeach (18 u.); H. Wagner (112/113); White Star: M. Gumm (74); T. P. Widmann (110)

11. Auflage 2017
Komplett überarbeitet und neu gestaltet

Chefredaktion: Marion Zorn; Autor: Andreas Drouve; Bearbeiterin: Lena Kuder; Redaktion: Nikolai Michaelis
Verlagsredaktion: Stephan Dürr, Lucas Forst-Gill, Susanne Heimburger, Nikolai Michaelis, Martin Silbermann, Kristin Wittemann; Bildredaktion: Gabriele Forst; Im Trend: wunder media, München
Kartografie Reiseatlas und Faltkarte: © MAIRDUMONT, Ostfildern
Gestaltung Cover, S. 1, S. 2/3, Faltkartencover: Karl Anders – Büro für Visual Stories, Hamburg; Gestaltung innen: milchhof:atelier, Berlin; Gestaltung Erlebnistouren: Susan Chaaban Dipl.-Des. (FH)
Sprachführer: in Zusammenarbeit mit Ernst Klett Sprachen GmbH, Stuttgart, Redaktion PONS Wörterbücher

Printed in China

BLOSS NICHT

Wie Sie Ärger und Fettnäpfchen vermeiden

UNACHTSAM DURCH DEN KREISVERKEHR

Im Straßenverkehr ist der Kreisverkehr ein echter Konfliktpunkt. Einheimische scheren gerne von der Innen- (also der Überhol-) über die Außenspur nach rechts in die nächste Ausfahrt. Ohne Rücksicht, ohne Blinker. Es gilt, höllisch aufzupassen.

ZEITANGABEN FÜR BARE MÜNZE NEHMEN

Andalusier lieben es allgemein lässig und machen sich nicht zu Sklaven des Uhrzeigers. Wer sich mit Einheimischen verabredet, muss mentalitätsbedingt mit Verspätungen rechnen. Auch bei Absprachen und Versprechungen ist nicht immer davon auszugehen, dass sie pünktlich (oder überhaupt!) eingehalten werden.

SICH FESTFAHREN

In manchen Bergdörfern im Hinterland verengen sich Gassen plötzlich und ohne Vorankündigung und stellen ungeübte Autofahrer vor Probleme. Am besten, man lässt den Wagen im Unterdorf stehen und geht den Rest zu Fuß – das schont auf jeden Fall die Nerven!

UNBEDARFT ZUM „CLUB"

Das Wörtchen „Club" hört sich unverfänglich nach Sport- oder Nachtclub an. In Spanien bezeichnet „Club" in den meisten Fällen jedoch ein Bordell. Abends blinken „Club"-Lichter an Ausfall- oder Landstraßen.

BEIM FLAMENCO MITKLATSCHEN

Mag manche Show auch noch so kommerziell aufgezogen sein, der Flamenco ist in erster Linie Kunst: der Tanz, die Musik, der ganze Aufzug. Beigaben sind Fingerschnippen und rhythmisches Händeklatschen – aber nur von den Auftretenden! Wer beim Flamenco aus dem Publikum mitklatscht, begeht einen echten Fauxpas.

ALLZU LEICHTSINNIG SEIN

Überall ist mit Taschendiebstahl zu rechnen und bei Frauen, die in Städten wie Granada Nelken oder Kräutersträußchen reichen, ist höchste Skepsis angebracht. Bei Dunkelheit meidet man in Granada besser entlegene Ecken im Albaicín und auf dem Sacromonte. Autoknacker treiben überall ihr Unwesen. Es sollte absolut nichts – gar nichts! – sichtbar im Autoinnern bleiben. Selbst kein Kuli, keine Landkarte, keine Sonnenbrille.

PREISE FALSCH EINSCHÄTZEN

Wer vorab gerne alles durchrechnet, muss wissen, dass in manchen Hotels und Restaurants die Preise zunächst ohne die für diese Bereiche relevanten zehn Prozent Mehrwertsteuer *(IVA)* angegeben sind. Fragen Sie also im Zweifelsfall lieber vorher nach, ob die Steuer eingerechnet ist *(IVA incluido)* oder nicht.